BÜZZ

PHELIPE **CALDAS**

INEXPLICÁVEL

A HISTÓRIA DO MENINO QUE
QUERIA JOGAR FUTEBOL

*Dedicado ao querido Gabriel,
o verdadeiro menino que sobreviveu.*

AGRADECIMENTOS

Não foi fácil escrever este livro. Não foi fácil realizar as pesquisas e as entrevistas que culminaram neste livro. Não me lembro, por exemplo, do número de vezes que chorei, me emocionei, me desesperei ao (tentar) entender tudo o que foi vivido pelos personagens desta história real.

Ao mesmo tempo, apesar de todas as dificuldades, de todas as dores, de todo sofrimento, não teve um único dia ao longo de todo o trabalho em que eu não me sentisse um privilegiado por ter a oportunidade de contá-la, de transformá-la em texto, em registro para a posteridade.

Saio deste projeto mais forte, mais maduro, mais humano, acima de tudo. E, se coleciono todo esse crescimento pessoal, eu só tenho a agradecer, antes de tudo e de todos, a Marcus (ou Kiko, como aprendi a chamá-lo desde pequeno) e a Yanna, meus amigos de infância, que são os pais de Gabriel. Obrigado por confiarem a mim este projeto, obrigado por entregarem a mim a responsabilidade de escrever sobre a mais dura e importante jornada de suas vidas. Espero de verdade ter ficado à altura da missão que me foi dada.

Agradeço também ao querido Gabriel, o protagonista de toda esta história. Agradeço pelo carinho que ele sempre demonstrou comigo, pelos momentos que passamos juntos conversando sobre futebol, pela forma carinhosa como até hoje ele me chama de "Tio Phelipão".

Eu sei que ele tem pouquíssimas lembranças de tudo o que aconteceu naqueles últimos meses de 2013. Mas não é preciso preocupação. Nem pressa. Quando ele se sentir bem, se sentir pronto, seguro, o livro estará lhe esperando. Foi produzido com o maior cuidado possível para ser o mais próximo da realidade e servir de guia para que ele possa entender melhor tudo o que viveu, enfrentou e venceu bravamente.

Ademais, preciso registrar também o meu muito obrigado a Pollyana, a minha Pollyzinha, esposa e companheira que foi extremamente importante em todo o processo de escrita. Com sua sensibilidade peculiar, escutava-me, conversava, opinava sobre questões pontuais e ajudava a tornar a experiência mais aprazível e leve.

Obrigado, ainda, ao querido Cadu Vieira, amigo competente que foi responsável pelas correções finais do livro. Um trabalho que ele realizou com cuidado e esmero e que só ajudou a deixar o texto o mais perto possível do ideal. Da mesma forma, agradeço amavelmente ao talentoso William Medeiros, um verdadeiro artista que colocou a sua sensibilidade na produção da capa da primeira versão deste livro.

Não posso me omitir também diante de todos aqueles que entrevistei para a realização deste livro. Foram mais de cinquenta horas de conversas e gravações com os mais diversos personagens, os quais, com suas descrições e lembranças, me ajudaram a resgatar em detalhes fatos ocorridos cinco anos atrás.

Destaco inicialmente os muitos profissionais da área da saúde que trabalharam no caso. O neurologista Christian Diniz, a oftalmologista Ana Carla Montenegro, a radiologista Alessandra de Albuquerque, o anestesista Walter Mendes, a médica intensivista Janine Alencar, os fisioterapeutas Assis Neto e Sheva Castro, a fonoaudióloga Ana Flávia Souza, a pediatra Heloísa Amorim e a oncologista infantil Andréa Gadelha.

Sobre Andréa, inclusive, queria registrar que, mesmo ela aparecendo pouco no livro, a aula que me deu em seu consultório sobre o câncer e seu tratamento foi de uma importância fundamental e serviu para nortear muitas das descrições mais técnicas sobre o assunto.

Também médicas, cito ainda a cardiologista Ana Cláudia Diniz e a patologista Salete Trigueiro, ambas tias de Marcus, que testemunharam muitos dos episódios impressionantes — e espetaculares — que cercaram o caso e cujos relatos foram essenciais para entender alguns dos momentos mais restritos, aqueles registrados em locais que, em geral, eram de acesso exclusivo aos profissionais de saúde.

Sei bem que a lista de profissionais da equipe multidisciplinar que acompanharam o caso de perto é muito mais extensa. E, diante da incapacidade óbvia de localizar e entrevistar todos, aproveito o espaço para igualmente agradecer àqueles não citados que, sem exceção, ajudaram a tornar real a história ora narrada.

Não poderia deixar de elencar também o querido amigo jornalista Bruno Lobo e o assessor de imprensa Francis Melo, que foram fundamentais para que eu chegasse até o craque Fred, eterno ídolo do Fluminense e uma das grandes referências futebolísticas de Gabriel. Mesmo sem saber, ele teve um importantíssimo papel na recuperação do menino e acabou concedendo a este livro um relato para lá de emocionante sobre o caso. Obrigado por isso também, artilheiro.

Colaboraram também com suas memórias, a quem eu sou igualmente grato, inúmeras pessoas ligadas às famílias de Kiko e de Yanna.

Pelo lado de Kiko, registro o pai e a mãe, Marcus e Lourdes; o irmão, Daniel; a prima, Ana Raquel; e a ex-cunhada, Luciana Lucena. Já pelo lado de Yanna, registro a mãe, Suelene; os irmãos, Roussean e Fernanda; a cunhada, Déborah; e os tios, Kalina e Cordeiro.

Por fim, mas não menos importante, foram essenciais para o livro o primeiro técnico de futsal de Gabriel, o professor Rodrigo Souza; a sua professora de reforço, Rose de Sá; e o padre Glênio Guimarães, que surgiu de repente na história e acabou tendo um papel importante na vida dos envolvidos.

São os retalhos de memórias de todas essas pessoas que, uma vez somadas, tornaram possível as páginas que vêm a seguir.

UM CONVITE À ESPERANÇA
MARCUS E YANNA VARANDAS
(PAIS DE GABRIEL)

É com o coração aberto e cheio de alegria que convidamos você a caminhar conosco por uma trilha marcada por desafios, esperança, fé e conversão. Talvez você esteja lendo este livro por curiosidade. Talvez tenha assistido ao filme e queira entender melhor o que aconteceu com o menino que queria jogar futebol. Ou talvez esteja buscando algo mais profundo: uma razão para continuar, uma luz para seguir em frente, uma esperança para não desistir.

Seja qual for o motivo, nosso maior desejo é que, ao mergulhar nestas páginas, você se sinta acolhido e perceba que há luz mesmo nos corredores mais sombrios da vida. Essa história foi escrita também por sua causa.

Nossa intenção com este capítulo é simples e profunda ao mesmo tempo: te acolher. Te lembrar que você não está sozinho. Que, mesmo quando tudo parece escuro, Deus não tira os olhos de ti. E que, por mais que doa, a dor também pode gerar vida. Propósito. Cura. Recomeço.

Não é fácil escrever sobre um tempo de dor. Mas, hoje, entendemos que compartilhar é também curar. E que o testemunho que se cala, enfraquece. Por isso, decidimos abrir este capítulo extra do livro com a coragem que nasce da gratidão. Porque foi no pior momento da nossa história que vivemos o maior milagre das nossas vidas.

Quando Gabriel adoeceu, nós não estávamos prontos. Nenhuma família está. E, de repente, tudo que era cotidiano virou urgência. O riso virou silêncio. A casa virou hospital. A agenda virou oratório. E nós dois... viramos soldados. Intercessores. Às vezes, enfermeiros. Quase sempre, pais com medo. Mas também pais com fé. Pais com coragem. Me lembro de uma madrugada específica — o monitor disparava alertas e a UTI inteira parecia conter o fôlego. E ali, mesmo com o coração acelerado, a gente se abraçou em silêncio e orou. Essa cena se repetiu muitas vezes, como um ritual de esperança em meio ao caos. Foi ali que descobrimos: a fé não anula o medo. Ela o atravessa.

Foram noites inteiras vigiando um sopro. Dias em que tudo o que a gente queria era um sinal de que ele ficaria bem. Orações com as mãos tremendo, com a voz falhando, com a alma exausta. Mas também dias em que descobrimos o que é amar com toda a força do céu e da terra.

E Deus respondeu.

Respondeu no tempo Dele, do jeito Dele, com a potência de um milagre que não se explica. Respondeu através de médicos, de amigos, de portas que se abriram e de sonhos que nos acordavam no meio da noite com a certeza de que o céu estava agindo.

O que vivemos com Gabriel mudou tudo. Como casal, nos uniu. Como pais, nos fortaleceu. Como seres humanos, nos fez entender o valor da eternidade. E como filhos de Deus, nos colocou de joelhos. Não para pedir apenas, mas para adorar. Para agradecer. Para servir.

Muitas vezes, recebemos notícias médicas desanimadoras. Em especial, nas prévias da cirurgia, nas previsões médicas, após os procedimentos de reanimação... Foi nesses momentos que aprendemos que fé não é acreditar que tudo vai se resolver do nosso jeito, mas confiar que existe um propósito maior — e que não estamos sozinhos. Nunca. Afinal, "não acreditar é tão louco quanto acreditar".

Foi ali que aprendemos o verdadeiro sentido de conversão. Não apenas mudar de caminho, mas permitir que o coração seja transformado pela presença de Deus. E isso não acontece de uma vez — é uma escolha diária. Uma entrega contínua. Quando tudo o que você tem é fé, fé é tudo de que você precisa. E, nessa caminhada, cada passo se torna oração, cada silêncio vira confiança e cada lágrima se transforma em semente de ressurreição.

Nos dias mais críticos, começamos a perceber pequenos milagres cotidianos: o sorriso após uma cirurgia, a mão de um amigo oferecendo café quente, um reencontro familiar, uma mensagem inesperada, um sinal. Quando o ordinário se torna extraordinário, entendemos que o milagre não é só o final feliz. O milagre é o processo. É o cuidado. É a presença de Deus em cada detalhe.

Gabriel aprendeu a lutar muito cedo. Mas foi por meio das nossas próprias fragilidades que ele, e também Rafael e Davi, nossos filhos, conheceram a verdadeira coragem. Porque filhos não precisam de pais perfeitos. Precisam de pais presentes. Pais que choram, oram e continuam.

Falar de esperança, para nós, é falar, acima de tudo, de entrega. De abandono em Deus. E se há um segredo para o abandono em Deus, é este: a fé tem que ser maior do que o medo.

Desde então, a nossa missão tem sido esta: testemunhar.

Porque testemunhar não é apenas contar o que Deus fez. É permitir que outros descubram o que Ele pode fazer — por meio de nós.

O livro, o filme, cada palestra, cada podcast, cada conversa que temos com alguém que também vive um tempo de dor... são parte de um propósito muito maior do que nós. Um propósito que carrega a nossa assinatura, mas que vem do céu. Um chamado que diz: "Você também pode ser resposta".

Hoje, ao contar essa história, queremos lembrar você disso: não espere o milagre para viver com esperança. Viva com esperança, e o milagre virá. Se você está passando por um vale, não desista. Continue. Caminhe com fé. Chore, se for preciso. Peça ajuda. Olhe para o alto. E lembre-se: o jogo só acaba quando termina.

A você que está conosco agora, lendo este capítulo, queremos dizer: não estamos aqui porque vencemos. Estamos aqui porque escolhemos continuar. Porque escolhemos servir. Porque escolhemos amar.

Seja bem-vindo a *Inexplicável*. Aqui, a nossa experiência vira companheira da sua. E, juntos, acreditamos: **há sempre esperança para recomeçar, fortalecer a fé e deixar o inexplicável acontecer.**

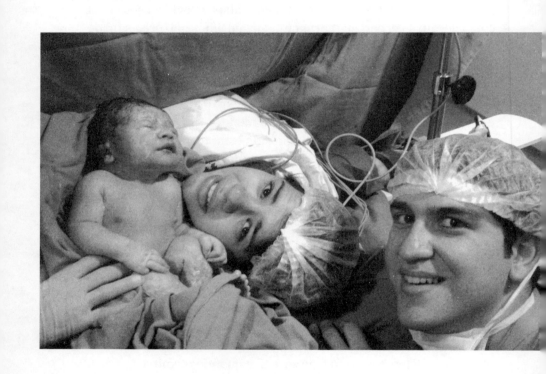

"Eu continuo aqui mesmo
Aperfeiçoando o imperfeito
Dando tempo, dando um jeito
Desprezando a perfeição
Que a perfeição é uma meta
Defendida pelo goleiro"

GILBERTO GIL
"Meio de Campo"

APRESENTAÇÃO

Se coubesse a mim mesmo a missão de classificar este livro para colocá-lo na estante correta de uma biblioteca imaginária, eu simplesmente não teria a menor ideia de como fazer isso de forma adequada. Porque, afinal de contas, é sobre o que mesmo este livro?

Seria sobre futebol? Sobre a paixão arrebatadora de um menino pelo jogo de bola? E sobre como esse esporte tem o poder de salvar vidas, alterar destinos, definir futuros?

Seria sobre medicina? Sobre os avanços e os limites de uma ciência que dia após dia revoluciona a vida em sociedade, mas que, ao mesmo tempo, vez ou outra ainda se depara com acontecimentos inexplicáveis?

Seria sobre religião? Sobre a fé inabalável de pais que veem o filho no leito de morte, desenganado pelos médicos, e ainda assim seguem firmes acreditando na providência de Deus? Sobre situações-limite em que apenas o milagre sobra como explicação possível para o inexplicável?

Não sei. Talvez, seja sobre tudo isso o livro, sem, no entanto, pretender esgotar as possibilidades que cada um desses temas citados — e eventualmente não citados — possa oferecer.

O que se pode antecipar, contudo, é que se trata da história de Gabriel, um atleta de futsal completamente apaixonado pelo Fluminense e pelo Botafogo da Paraíba, no auge da sua empolgação boleira, que, de repente, viu todos os seus sonhos infantis suspensos por causa de um tumor maligno no cérebro. Um tumor, aliás, que desencadearia inúmeras complicações e colocaria o menino no limiar entre a vida e a morte.

A partir daí, Gabriel é dado como morto, mas sobrevive. É classificado como um paciente em estado de coma quase irreversível, mas volta à consciência. Preparado para uma vida vegetativa, mas desperta. Tratado como alguém que nunca mais andaria, mas um dia se levanta e caminha. Condenado a nunca mais jogar bola, mas hoje joga.

Viveu-se, logo, uma impressionante sequência de quebras de protocolos e prognósticos, uma enorme quantidade de acontecimentos inexplicáveis, uma intensa carga de emoções que mudaria para sempre a vida de muitas das pessoas que se envolveram no caso.

Para falar a verdade, eu não entendo muito de Deus. Entendo menos ainda de medicina. Não saberia dizer quando termina um e quando começa outro. Não saberia atestar em que medida vai a responsabilidade de um e de outro na cura do menino.

Mas é justo esse mistério que torna a história mais forte, mais fantástica, mais emocionante, mais incrível também. Mais prazerosa de ser lida e conhecida.

De minha parte, registro que fui extremamente afetado por ela. Porque sou amigo de infância de Kiko e Yanna (os pais do menino), praticamente vi Gabriel nascer, tive desde o início um carinho muito grande por ele.

E, a meu modo e sob meu ponto de vista, participei daquele drama, na condição de amigo que sofreu, chorou e se angustiou nos momentos de maiores dores.

De forma que me debruçar a fundo no caso e descobrir que a realidade foi ainda mais dura, mais forte e mais espetacular do que eu imaginara à época foi algo que definitivamente mexeu comigo, para o bem e para o mal.

Ainda assim, não houve um dia sequer ao longo desse processo em que eu não agradeci pelo telefonema que recebi de Kiko lá pelo final de 2017:

— E aí, Phelipão, o que tu achas de escrever um livro sobre a história de Gabriel?

— Opa! Como não?

Na condição de jornalista e escritor, há muito tempo eu já sabia que era daquelas histórias que renderiam um livro dos mais impactantes. E se nunca antes eu tinha sugerido a ideia, é porque não sabia se a família de Gabriel estava disposta a tornar público tudo o que vivera.

Pois, agora, é com o aval deles que eu convido você para as próximas páginas. Tenha uma excelente leitura.

1
CORRIDA CONTRA A MORTE

A vida tem algo de curiosa: pode colocar lado a lado, movidas pelo mais puro acaso, sem que uma saiba da existência da outra, uma pessoa que esteja na plenitude de sua felicidade e outra que vive a maior das tragédias de sua vida. E aquele carro, que costurava as ruas da cidade em velocidade alucinantemente acima da média, pode ser a representação perfeita dessa dicotomia.

Porque o carro ziguezagueava de forma frenética. Numa ansiedade nervosa que quebrava o ritmo cadenciado, aparentemente alegre e até certo ponto preguiçoso daquela sexta-feira ensolarada. Fazia muito calor lá fora, típico de um novembro do Nordeste brasileiro. Mas o potente ar-condicionado do carro não dava mais do que uma falsa sensação de conforto. Falsa porque conforto era tudo o que não existia naquele momento.

O clima dentro do carro, na verdade, era de pura angústia. Puro medo do desconhecido. Uma sensação de impotência que só era quebrada justamente pela ação transgressora de acelerar mais e mais. De ultrapassar os demais carros que seguiam nos seus ritmos vagarosos e tranquilos. Na pressa de chegar o quanto antes ao hospital.

O pai, no volante de uma Tucson preta, teimava em não pensar em tudo o que poderia acontecer. Mantinha-se atento, observando as possibilidades — e oportunidades — de ultrapassagem. Pés ágeis alternando aceleradas e freadas bruscas. Mãos firmes e olhos atentos a cada troca de faixa da avenida. Focado na única ação que poderia exercer naquele momento: dirigir, e dirigir com a máxima eficiência e na maior velocidade possível.

Certamente, lembrava das palavras graves e preocupadas do médico, ditas poucos minutos antes.

— Vão imediatamente para o hospital. Não parem. Não percam tempo. Ultrapassem sinais vermelhos, se for preciso. Mas cheguem o quanto antes ao hospital. Um leito na UTI estará pronto esperando pelo filho de vocês.

É bem verdade que, no trânsito típico das duas da tarde, ele não conseguia avançar os semáforos como gostaria. E, de tempos em tempos, era obrigado a parar e esperar, sendo consumido por uma ansiedade corrosiva que chegava a doer o coração. Mas, tão logo a luz verde acendia, ele voltava a acelerar. Com uma garra, com uma fé, com uma vontade incontida de chegar logo, que fazia tudo o mais ser secundário.

A missão era aparentemente simples: ir no menor tempo possível da clínica do médico, na avenida Camilo de Holanda, no Centro de João Pessoa, até o Hospital da Unimed, no bairro da Torre, distante meros três quilômetros do ponto de partida. Mas se tornava extremamente difícil pela carga de emoções e estresse que o momento provocava.

Era, no fim das contas, uma corrida contra o tempo. E contra o risco iminente da morte. Ele, o pai, evitava até mesmo olhar pelo retrovisor central do carro. Tinha receio do que poderia ver. Preferia se ater àquilo que era possível fazer no momento específico.

Se olhasse, teria avistado a sua esposa. Grávida. Com um barrigão típico de quem havia quase seis meses esperava o terceiro filho do casal. Sentada no banco de trás do veículo, logo atrás do lado do passageiro, que estava vazio. Teria visto também ela se agarrar como podia ao filho mais velho, deitado ao longo do banco e precariamente segurado.

O menino, por sua vez, estava inerte, sem reação. Olhos abertos, mas sem reflexos. Num estado em que não parecia estar ali. Não parecia ter vida.

Ninguém sabe ao certo quantos minutos demorou o percurso. Era difícil demais organizar as ideias. E, chegando ao local, o pai se confundiu. Foi para a recepção do hospital quando deveria, um pouco antes, ter entrado numa rua à direita para assim chegar à área de emergências. Deixou o carro ligado, com esposa e filho dentro, e foi correndo em busca de socorro.

Falou com um, falou com outro. Não obteve respostas satisfatórias. Brigou, reclamou, discutiu. Por longos vinte minutos, até descobrir enfim que estava no lugar errado. Nesse meio-tempo, a tensão apenas crescia dentro do carro. O medo ganhava força. A criança demonstrava ainda menos reações.

O pai voltou ao carro. Buscou ar. Refletiu. Raciocinou. Pensou em voltar por onde tinha vindo. Mas lembrou que estava num estacionamento com cancela eletrônica. Voltar era impossível. E, diante do inevitável, reacelerou com ímpeto em busca de ir para onde deveria estar.

Foi uma das voltas mais longas e demoradas que ele precisou dar no trânsito de João Pessoa. Até encontrar um retorno que pudesse levá-lo para o setor de emergências, que parecera tão perto e agora estava tão distante.

Em meio a isso, o desespero tomou conta de todos. A mãe estava completamente abalada, nervosa, sem acreditar no que via diante de si. As poucas reações do filho tinham cessado definitivamente. E, a não ser por uma respiração fraquíssima que ainda era possível observar, nada mais indicava que o menino estivesse vivo.

Precisou-se de mais algum tempo de ultrapassagens tensas por entre carros sem pressa até que, finalmente, eles estivessem exatamente na porta de entrada do tal setor de emergências onde tanto ansiaram chegar.

O pai mais uma vez correu para dentro do hospital, enquanto deixava a esposa grávida acarinhando como podia o filho imóvel. Desta vez, ao menos, as coisas andaram mais rápidas. E, enquanto ele apresentava os documentos do filho, ela ajudava os paramédicos a colocar a criança numa maca que a levaria para dentro do setor de emergência.

A ordem não tardou:

— Subam com ele. Imediatamente. Levem-no direto para a UTI — alguém gritou.

Pegaram o elevador. Maca levada por paramédicos. Criança semi-inconsciente. Subiram. Iniciaram uma série de exames. De todos os tipos. Dos mais variados. Uma pesquisa minuciosa para tentar descobrir o que estava acontecendo. Não foi um processo tão rápido. Nem tranquilo. Muito menos reconfortante. As dúvidas seguiam muito maiores do que as certezas.

Pai e mãe, juntos, continuaram no setor de emergência do térreo resolvendo as burocracias necessárias para internação. Só reencontrariam o filho longos minutos depois, quando os exames já tinham sido iniciados, mas a tempo ainda de acompanhar de perto a maioria deles.

De repente, alguém no hospital pediu que fizessem uma tomografia na criança, algo que só era possível realizar numa sala localizada no andar térreo. Pegaram novamente o elevador, desta vez com o pai acompanhando de perto todo o percurso. Retiraram a criança da maca para o aparelho. E depois de volta para a maca. Iniciava-se, então, a terceira viagem de elevador, a de retorno à UTI Pediátrica, localizada no segundo andar do complexo hospitalar.

Dentro do elevador, um agito incomum incomodou o pai. O paramédico, tenso, avisou à colega de atendimento, alarmando a todos:

— Ele está tendo um rebaixamento! Ele está tendo um rebaixamento!

O pai ainda não entendia o que aquilo significava. E só muitas semanas depois saberia que aquele era o código para o rebaixamento dos sinais vitais. Em palavras mais leigas, o menino estava sofrendo repentinamente uma parada cardíaca.

Ainda assim, mesmo sem saber ao certo o que se conversava, ele sentiu o coração acelerar e anteviu que algo realmente grave estava em curso.

A maca chegava mais uma vez à UTI. Mas, naquela hora, os médicos do setor já estavam em alerta máximo. Começou uma impressionante sequência de acontecimentos que é quase impossível descrever. Gente correndo, gente gritando, gente se agitando. O pavor estampado nos rostos denunciava que o risco de morte chegava a um momento extremo.

Não tardou e um grito aparentemente irado, repleto de energia e com uma carga de autoridade que mostrava que a dona daquela voz era quem de fato dava as ordens ali, ecoou por cima de todos os outros:

— Precisa levar para o bloco agora! Precisa levar para o bloco agora!

Assim foi feito. Ordem obedecida instantaneamente. Maca empurrada em alta velocidade para além de uma porta e para além do campo de visão do pai do menino, que ficou de repente atônito e sem ter o que fazer a não ser esperar.

Só naquele momento o pai se permitiu descansar numa cadeira. Chorou copiosamente pela primeira vez naquele dia. Um pranto que tentava lavar a alma, expurgar medos, afastar dores. Mas que, apesar de intenso, não tinha o poder de aliviar a pressão sufocante que cercava o momento.

Pouco depois, pai e mãe voltaram a se encontrar, ela também aos prantos. Abraçaram-se. Um dando força ao outro. Como se um se esforçasse para sustentar o outro e assim manterem-se fortes para enfrentar sabe-se lá o que estivesse por vir.

Foram levados para uma sala de espera. E ali aguardaram. Algo em torno de uma ou duas horas. Talvez um pouco mais. Uma imensidão de tempo sem terem resposta de nada, sem saberem o que estava acontecendo com o filho de ambos.

Era uma espera doída e angustiada, levemente amenizada quando, pouco a pouco, familiares mais próximos foram chegando para dar apoio e sustentação aos dois. Tios, avós, tios-avós. Todos igualmente tensos e chorosos, tentando amparar quem estava ao lado, mas, ao mesmo tempo, implorando por amparo para si próprios. Em alguma medida, aqueles que tentavam ajudar também precisavam ser ajudados.

Naquele instante, eles não tinham ideia da luta que estava sendo travada dentro do bloco. Um bravo menino de apenas oito anos, com a ajuda de uma equipe médica incansável, desafiando as lógicas da medicina e se mantendo vivo apesar de todos os reveses que sofria em sequência. Um atrás do outro, tornando ainda mais grave um caso que já era muito grave.

Não se sabe ao certo quanto tempo se passou. De luta lá dentro. De espera cega, surda e muda do lado de fora. Até que, pouco a pouco, rostos conhecidos pela família angustiada foram deixando o bloco cirúrgico.

A primeira a sair foi a pediatra do menino. Aos prantos. Um choro honesto, comovido, de quem passara por algo realmente intenso. Aproximou-se do pai e da mãe, naquela altura completamente atordoados, num misto de ansiedade e medo pelas notícias que estavam por vir. Ela os abraçou, ainda chorando. Mas não adiantou muito do que se passara. Só conseguia repetir uma única frase, como uma espécie de mantra que ao menos dava alívio a todos:

— Ele está bem. Ele está bem. Ele está bem.

Depois chegou o médico principal de toda aquela operação. O mesmo que, bem mais cedo naquele dia, em sua clínica no centro da cidade, dera a ordem para que fossem todos o mais rápido possível para aquele hospital. Ele também chorava. Também soluçava. Também tinha dificuldades para falar. Era um choro igualmente honesto, que contrastava com o seu jeitão sempre muito sério e profissional.

Parou defronte a todos, cabelos desgrenhados, expressão cansada e abalada. Respirou fundo, abraçou-os, exausto, e finalmente falou:

— Olhe, Deus deve ter uma missão muito grande para Gabriel neste mundo. Ele esteve com Deus e foi mandado de volta para cá.

2
"PRAZER, EU ME CHAMO GABRIEL"

Aquele foi um dia assustador. Um 8 de novembro de 2013 que marcou para sempre as vidas daquela família. Gabriel é o filho mais velho de Yanna e Marcus (ainda que boa parte dos familiares e dos amigos mais próximos o chame de Kiko), um casal que, antes de tudo, era formado por dois amigos. Foram vizinhos na infância, morando no mesmo edifício, Água Marinha, que está localizado na rua Vigolvino Florentino da Costa, no bairro pessoense de Manaíra, e desde muito cedo saíam juntos em turma, com outros amigos da rua.

Yanna, por sinal, foi o primeiro grande amor arrebatador de Marcus, típico das paixões de infância. E, ainda meninote, empurrado por sabe-se lá que força as crianças encontram para falar desses assuntos, ele se encheu de coragem para pedi-la em namoro, ao que recebeu um sonoro, dolorido e inesperado "não" como resposta.

Foi a primeira vez, talvez, que o menino sofreu por amor. Que sentiu aquele ardor típico de quem ama. Aquela dor que só um "não" bem dado a um pedido de namoro infantil consegue proporcionar em meninos que se enchem de coragem para fazer o que julgavam impossível. Mas paciência! A decisão já estava tomada. O revés precisava ser assimilado.

O garoto, é bem verdade, não desistiu de primeira. Chegou a mandar algumas cartinhas de amor para a amiga, pretensa namorada, que, no entanto, seguia decidida. Yanna mantinha-se irredutível em sua negativa resoluta e aparentemente definitiva. Não seria daquela vez, ainda na infância, que engatariam um namoro. Fim de papo.

O tempo passou. A amizade persistiu. Continuavam saindo juntos, com a mesma turma de amigos, encontrando-se de tempos em tempos, indo às mesmas festas juvenis. Ano após ano. Encontro após encontro. Conversa após conversa.

Cada qual viveu seus próprios namoros, teve suas próprias vivências, seguiu seu próprio rumo. E, se Marcus permaneceu apaixonado, ao menos deixou de admitir isso publicamente.

Até que, bem depois, já naquele limiar entre a adolescência e a vida adulta, calharia de ambos estarem novamente solteiros. Ela sem namorado, ele sem namorada. Na mesma festa, com olhadelas nervosas mútuas ao longo de toda a noite. O meninote crescera. E a tal coragem de anos atrás parecia inabalável. Buscou novamente o ar, caminhou lentamente enquanto pensava nas palavras certas para aquele momento decisivo, chamou-a para dançar. Repetiu então o mesmo pedido de muito tempo atrás. Desta vez aceito. Um "sim" seguido de um sorriso e de um primeiro beijo que selaria o início da história deles como família.

Começaram a namorar em janeiro de 2002, enfim. E o namoro foi comemorado intensamente pelo grupo de amigos da rua onde moravam. Afinal, eram dois integrantes daquela turma que decidiam se juntar. E justo aqueles que lá atrás, muitos anos antes, já tinham vivido um pequeno flerte que inicialmente não fora levado adiante.

Daquela vez, contudo, a coisa engrenou. O namoro foi ficando mais sério, mais forte, mais duradouro, mais intenso. Noivaram de forma relativamente rápida, em 30 de novembro de 2003, com menos de dois anos de relacionamento. E, a partir dali, casarem-se parecia o passo natural que ambos tomariam, absolutamente certos de que aquela era a decisão mais importante de suas vidas. Assim foi feito, numa época em que ele tinha 22 anos e ela, 21.

O casamento aconteceu em 11 de junho de 2004, no Mosteiro de São Bento, uma tradicional igreja barroca construída no século 17, localizada no centro de João Pessoa, a poucos metros de distância de uma série de outras igrejas da mesma época e estilo, que formam um dos mais importantes conjuntos arquitetônicos do país.

A festa em comemoração à união deles aconteceu na mesma noite da cerimônia, numa casa de recepções da cidade. Casa repleta de familiares de ambos os noivos e de muitos amigos vindos de diferentes lugares. Foi uma celebração bonita, animada, com muita música. E que só acabaria nas últimas horas da madrugada, quando o sol, que em João Pessoa costuma nascer mais cedo do que em qualquer outro lugar do país, já começava a brincar com diferentes tonalidades de azul que, pouco a pouco, brotavam pelo céu pessoense.

Naquele momento, todos só tinham a cabeça voltada aos muitos brindes oferecidos ao casal. E ninguém imaginava que apenas quatro meses depois Yanna estaria grávida de seu primeiro filho, inicialmente chamado Lucas, mas que mais tarde, ao longo da gravidez, ganharia o nome definitivo: Gabriel.

Pode parecer apenas um detalhe a confirmação da gravidez de Yanna logo após o casamento. Mas não é. Na verdade, talvez seja o "primeiro pequeno milagre" que envolve toda esta história. Yanna era daquelas mulheres que desde muito cedo conviveram com os filhos das tias mais novas ou das amigas de sua mãe, e que desde os nove anos de idade convivia com bebês, aprendendo, já naquela época, a pegá-los no colo e a ajudar a cuidar deles.

Desde então, Yanna nutria o sonho de ser mãe. De ter o seu próprio bebê, cuidar do próprio filho, acarinhar a própria cria. Era um desejo ardente, que ela embalava em sonhos, em pensamentos e divagações, em desejos incontidos de um dia viver a experiência da maternidade.

Mas, aos catorze anos, ela começou a sentir dores fortíssimas na região abdominal, o que deixou toda a sua família em alerta. Precisou-se de algum tempo de exames e investigações, sem muitas respostas, até que decidissem realizar uma primeira cirurgia nela. Uma cirurgia feita quase às cegas, porque com os equipamentos que existiam à época, não se conseguiu um diagnóstico preciso de qual era especificamente o problema que ela possuía.

Eis que a primeira cirurgia foi realizada. E aí foi identificado que ela possuía um cisto hormonal, que crescia, inflamava, estourava e provocava todas aquelas dores a cada ciclo menstrual. A primeira tentativa foi realizar uma limpeza na região afetada e ver se o cisto regredia com medicamentos. Mas os resultados não foram satisfatórios. Longe disso. As dores persistiam e, com elas, o receio de que o caso pudesse se agravar com o tempo.

Sete meses depois, quando Yanna já estava com quinze anos de idade, uma segunda cirurgia foi marcada, desta vez para a retirada de uma de suas trompas e um de seus ovários. Uma operação invasiva que, na cabeça adolescente da menina que sonhava ser mãe, reduzia drasticamente suas chances de engravidar.

Ela aprendeu a viver com certa dose de medo. Sonhava que era mãe e acordava preocupada, nervosa, triste, sem saber se um dia conseguiria mesmo realizar o seu desejo. Passou a pedir cada vez mais para que tudo desse certo, começou a rezar mais intensamente por isso, a pensar cada vez mais nas possibilidades e nas dificuldades que teria ou poderia ter na busca por algo que ela não sabia se era possível.

— Eu tinha realmente muito medo de nunca conseguir engravidar, mas Gabriel é fruto de um desejo muito forte de ser mãe — falaria Yanna, muitos anos depois, ao relembrar aquela época.

Na época de namoro, inclusive, Marcus sempre dizia que, ao casar, queria ter ao menos cinco filhos. Um time de futsal, quem sabe? Sem opções para o banco de reservas, é verdade, mas ainda assim um time de futsal pronto para o jogo. As incertezas, contudo, se seguiam com o passar do tempo. Pairavam em ambos, porque simplesmente não havia garantias de que um dia Yanna pudesse mesmo ter condições de engravidar.

As chances de isso acontecer, após aquelas duas cirurgias, estavam reduzidas pelo menos à metade. De forma que descobrir-se grávida apenas quatro meses depois de se casar foi algo que a deixou realmente emocionada. Tocada. Chocada. Ainda que o choque se desse dentro de um ponto de vista positivo, de pura felicidade e realização.

Para ela, no entanto, sua gravidez não é mera obra do acaso. Ela cita um dia vivido antes mesmo de se casar com Marcus. Admite não lembrar exatamente a data, mas foi numa época em que ambos já estavam noivos, naquele mesmo ano de 2004, quando o casamento já estava marcado e se vivia intensamente a expectativa para aquele momento.

Yanna e Marcus, ambos católicos que se declaram donos de uma fé inabalável, estavam na Comunidade Maná, em João Pessoa, participando de um "Seminário de Vida no Espírito Santo" destinado especialmente a casais, e Yanna aproveitou o momento para fazer uma oração a Maria pedindo fervorosamente que ela intercedesse em prol de sua maternidade.

Foi um momento forte, ela conta. Especial. De paz. Muita paz. Principalmente quando o diácono que realizava a cerimônia, Fabiano Moura de Moura, pediu especificamente para que os dois se abraçassem, dizendo em seguida que aquilo que ela pedia silenciosamente seria atendido. Que Maria de fato intercederia junto a Deus para que aquele desejo íntimo se tornasse realidade.

— Ele não sabia o que eu estava pedindo, mas, mesmo assim, garantiu que o pedido seria atendido. Foi o primeiro dia, desde os quinze anos, que eu deixei de ter medo. Ali eu tive a certeza de que, de fato, um dia eu seria mãe — recordaria ela.

Não importa em que cada um acredita no íntimo. Não importa o que de fato aconteceu. Não importa o que move cada um em suas respectivas vidas. Importa, isso sim, que ambos acreditaram no que ouviram. Ousaram crer no que julgavam incerto. Seguiram com suas respectivas convicções de que algo bom estava destinado a eles.

E foi assim, com essa fé reconfortante e firme, que se casaram algum tempo depois e descobriram, exatamente no dia 18 de outubro de 2004, que Yanna estava finalmente esperando o seu primeiro bebê. O filho tão esperado, tão desejado, tão incontavelmente sonhado estava a caminho. Uma fase na vida da mãe que ela curtiria intensamente, aproveitando cada momento a partir daquela data.

O dia 18 de outubro, a propósito, é o Dia de São Lucas no calendário cristão. O padroeiro dos médicos, que seriam tão importantes, fundamentais na vida daquela criança quase uma década depois. E foi por causa da coincidência da data que se decretou solenemente, após descobrir que se tratava de um menino: Lucas está a caminho.

Era um pedido do pai, principalmente. Aceito pela mãe. Que mudou de ideia depois que, durante a gravidez, sonhou com Maria. No sonho, ela pedia sem muitos rodeios que o futuro bebê se chamasse Gabriel.

Pai e mãe voltaram a conversar. A mãe listou seus argumentos e motivos para a mudança de nome. O pai cedeu sem muita resistência. A criança acabava de ser rebatizada para Gabriel. Ou Biel, como passariam a chamá-lo ainda durante a gravidez e que viraria o seu apelido ao longo da infância.

3
"EU SOU É TRICOLOR!"

Kiko, ou Marcus, é a terceira geração de brasileiros torcedores do Fluminense desde que o bisavô português migrou para o Brasil e deu início à linhagem. Herdou do pai o nome de batismo e a paixão pelo time do coração. Um sentimento que não é pequeno. Uma devoção e um amor que são quase religiosos. Algo sagrado. Importante demais para ser desrespeitado ou menosprezado.

Na casa dele, como que herdado e apreendido dos tempos da casa de seu pai, e de seu avô, o futebol e, principalmente, o Fluminense sempre tiveram um papel central. Essencial. Faziam parte do próprio imaginário da família. Com direito a um cantinho que fosse para erguer uma espécie de santuário, mágico, imaginativo também, com bandeiras, camisas, sonhos, desejos, torcidas, memórias, jogos inesquecíveis.

A fé, é sabido, se mede de forma mais firme em momentos de dor. O futebol — e depois a vida — ensinaria isso a Marcus. Pois ainda no final da década de 1990, ele aguentou, com uma resignação inquebrantável, o período de crise extrema de seu clube, agravada principalmente pelos rebaixamentos em campeonatos brasileiros, que chegariam a colocar o time na Série C do Brasileirão.

Mas era uma fé tão inabalável pelo Fluminense que, poucos anos depois, ele se casou com uma Yanna flamenguista que não tardaria a se converter, virar a casaca, e se juntar à legião de tricolores que se acumulariam naquela casa.

Todos os três filhos do casal, assim, se tornariam tricolores com o passar dos anos. E Gabriel, sendo o mais velho, foi o primeiro a passar pelo ritual quase impositivo de se apaixonar pelo verde, branco e grená que marcam as três cores do Fluzão.

Os outros times não teriam a menor chance. Porque tudo começou ainda na gravidez. A maior parte do enxoval do bebê tinha alguma referência ao time carioca. Quando a mãe passava mal por algum motivo e ficava nervosa, preocupada com a condição da criança, o pai a acalmava acarinhando a barriga cada vez maior e cantando músicas do Fluminense. E ele garantia, jurando de pés juntos, que eram as músicas apaixonantes de seu Tricolor que tinham o poder de acalmar o menino.

Esses momentos de nervosismo, contudo, eram raros. A gravidez transcorreu da forma mais tranquila possível. Com pai e mãe, cada qual ao seu modo, curtindo intensamente a experiência de pouco a pouco se tornarem pais.

Yanna, por exemplo, destaca o "momento impactante" do primeiro ultrassom. E quando, já com oito meses de gravidez, começou a imaginar os detalhes do menino, tentando fazer uma leitura mental de olhos, braços, mãos, rosto.

Já Marcus se lembra do primeiro título do Fluminense conquistado ao lado de Gabriel, quando ele ainda estava na barriga da mãe, em 17 de abril de 2005. Marcus e Yanna assistiram ao jogo num barzinho da orla pessoense. Pela TV. Apenas os dois — e Gabriel — à mesa.

Que dia forte. Mágico. Incrível. Inesquecível. A final era no Maracanã, contra o Volta Redonda, a zebra que, no entanto, vencera a primeira partida do duelo por 4 a 3 e começara vencendo aquele jogo derradeiro ao abrir o placar logo nos primeiros minutos de bola rolando. Para ser campeão, portanto, o Tricolor precisaria marcar três gols, o que parecia improvável pelo que vinha jogando no primeiro tempo.

Mas o Fluminense não se entregava. Empatou aos 48 minutos do primeiro tempo e virou aos 22 minutos do segundo tempo. A torcida voltou a acreditar. A torcer. A cantar. Ainda seria preciso mais um gol. E ele haveria de ser marcado em algum momento daquele início de noite de um domingo carregado de emoções.

A descrição dos minutos finais daquela partida é pura poesia. No Maracanã, 70 mil tricolores lotavam as arquibancadas e cantavam a plenos pulmões "a benção, João de Deus", pedindo ao papa João Paulo II, morto apenas quinze dias antes, o gol salvador. Kiko, arrepiado e aperreado, ora sentado, ora em pé, ao lado da esposa grávida, na companhia do filho que ainda estava por nascer, observava o desenrolar do que se passava pela TV. E mal conseguiu acreditar quando viu o cruzamento de Arouca encontrar a cabeça do zagueiro Antônio Carlos.

A cabeçada definitiva, o gol do título, a consagração daquela noite, a benção do papa, a magia do futebol, tudo junto se tornou realidade aos 47 minutos do segundo tempo. Os 70 mil torcedores explodiram numa convulsão coletiva. E Kiko, numa felicidade plena, numa emoção incontida, quase sem conseguir segurar o grito e o choro de felicidade, beijou empolgadamente o barrigão de Yanna. Um beijo cúmplice. Como quem grita, ainda que silenciosamente: "Esse título é nosso, meu filho!".

Aquele título carioca, inclusive, seria uma espécie de prenúncio dos anos que estariam por vir, com o Fluminense vencendo dois campeonatos brasileiros da Série A e chegando à final da Copa Libertadores da América. Anos de ouro que pai e filho viveriam intensamente no futuro, diga-se.

Ainda em 2005, outro fato envolvendo o Fluminense marcou a família. Calhou de o clube carioca jogar em Campina Grande com o Treze, pelas quartas de final da Copa do Brasil daquele ano. E como Marcus, além de Fluminense, era também torcedor do Botafogo da Paraíba (um rival trezeano), as paixões não entravam em conflito e, mais do que isso, se alinhavam diante de uma mesma oposição.

O clube carioca ficou hospedado num hotel de João Pessoa, e o pai foi com a mãe grávida para a frente do local em busca dos ídolos. E só saíram com fotos e autógrafos. Gabriel ainda nem nascera, mas já se encontrava com estrelas tricolores. Entre elas, Abel Braga, aquele mesmo que seria o técnico do Flu no título brasileiro de 2012 e um dos ídolos do menino à época em que seu problema de saúde se agravou, em 2013.

Por sinal, o Fluminense acabaria se classificando em cima do Treze nos pênaltis, num jogo duríssimo a que Marcus assistiu do estádio Amigão, em meio a seus pares tricolores. Mas, algumas rodadas depois, o time das Laranjeiras acabaria perdendo a final da competição para um surpreendente Paulista, numa daquelas típicas zebras de Copa do Brasil.

A paixão, no entanto, não ficou abalada. Nem a decisão de que tudo o que envolvesse o nascimento de Biel teria as cores do clube do coração. Era um sonho antigo do pai. A mãe não se opôs. Estava feliz demais para se incomodar com aquilo.

— A minha gravidez foi algo fantástico, sublime. Vivi intensamente os nove meses. Vivi intensamente todo aquele momento — conta Yanna.

E, com o aval da mãe, foi praticamente o pai quem organizou o enxoval. Todos os enfeites para a maternidade, as lembrancinhas, o quarto do menino em casa, pijamas e lençóis tinham as cores e os símbolos do Fluminense. Até na fralda era possível ver o desenho de uma criança segurando uma bola e vestida com a camisa do clube. Era algo bonito, e engraçado, de se ver.

E, assim, entre amores e expectativas, paixões e cânticos, emoções e descobertas, os meses foram se passando. Era um verdadeiro acontecimento. Tanto pelo lado da família de Yanna como pelo da família de Marcus. O nascimento do menino que tinha nome de anjo foi aguardado por todos numa empolgação incontida. Mágica, até. Ele era o primeiro bisneto, o primeiro neto, o primeiro filho de ambos os lados. De forma que, em 19 de junho de 2005, um domingo, dia sagrado para o torcedor de futebol, Gabriel nascia exatamente às 16h12. Saudável. São. Sem sustos. Com 48 centímetros e 3,6 quilos.

O parto foi por cesariana. E aconteceu no Hospital da Unimed, o mesmo em que nasceriam seus dois irmãos e onde, oito anos depois de seu nascimento, ele lutaria contra um tumor que quase o mataria.

Em junho de 2005, contudo, o clima era de festa total. Principalmente porque uma pequena multidão de familiares e amigos dos pais dele iam visitá-lo diariamente. Ao longo dos dois dias em que eles permaneceram na maternidade, o quarto esteve sempre cheio, sempre animado, sempre feliz. Num clima incrível de descontração e alegria. Com risadas altas, empolgadas, gostosas.

E à noite, quando as visitas cessavam, o silêncio chegava, a calmaria tomava conta, mãe e pai tinham seus primeiros momentos a sós com o menino. Seguravam-no no colo, embalavam-no, observavam os pequenos detalhes de seu corpo miúdo. Faziam, afinal, suas primeiras descobertas como pais, enquanto admiravam aquele bebê e curtiam vivamente a experiência. Eram momentos, acima de tudo, ternos, amorosos, cúmplices. Inesquecíveis.

A experiência na maternidade, inclusive, foi mais marcante por causa da festa que se viu e desses momentos bons do que por qualquer outro motivo. O nascimento aconteceu sem intercorrências, e Gabriel mamava tranquilamente desde o início. Em pouco tempo, estava em casa. A vida transcorria normalmente. E era uma vida boa. Acima de tudo, feliz.

Gabriel teve uma infância sadia. Respeitando todas as regras de uma boa saúde. O leite materno foi sua única fonte de alimentação até os seis meses de idade, depois ele começou com o complemento de frutas e, mesmo com o passar dos anos, os pais sempre controlaram o tipo de alimento a que ele tinha acesso. Comia sempre produtos naturais. Refrigerante era proibido. A preferência era por sucos de fruta. E, assim, ele foi crescendo com pouquíssimos problemas de saúde.

No mais, o cerco do pai começou a surtir efeito e, rapidamente, o menino virou um apaixonado por futebol e pelo Fluminense. Assistia a todos os jogos com o pai, conhecia desde muito cedo as posições do campo e os jogadores que as ocupavam. Do Fluminense, claro, mas também dos adversários.

Em 2010, quando tinha cinco anos, viveu o primeiro momento realmente mágico e inesquecível com o Tricolor. Viajou com o pai e o avô para o Rio de Janeiro e, no dia 5 de dezembro daquele ano, era um dos 40.905 apaixonados que lotavam o então estádio Engenhão (hoje Nilton Santos) para assistir ao Fluminense enfrentar o Guarani pela última rodada do Campeonato Brasileiro da Série A.

Não era apenas mais um dia na vida dos três. Dentre eles, o avô era o único que se lembrava da última vez que o Flu fora campeão brasileiro, 26 anos, seis meses e oito dias antes. E eis que, mais uma vez, o time das Laranjeiras estava bem próximo do título.

O Fluminense era o líder da competição, disputada em pontos corridos. Cruzeiro e Corinthians ainda tinham chances de ficar com o título, mas apenas o time do Rio de Janeiro dependia somente de si para ser campeão. Era, portanto, vencer e levantar a taça. Parecia simples, mas ao fim do primeiro tempo o jogo ainda estava empatado em 0 a 0.

Dentro de campo, estavam muitos dos ídolos do garoto. Incluindo o maior deles, Fred, que ele via de tão longe, tão pequenininho, mas ainda assim com os olhos brilhantes e impressionados. Gostava muito também de Conca. Mas o gol do título saiu mesmo dos pés de Emerson Sheik, aos dezesseis minutos do segundo tempo, quando ele acertou um chute rasteiro para marcar o único gol do jogo.

Gabriel sairia em êxtase daquele estádio. Feliz. Satisfeito em viver aquilo ao lado do pai e do avô. E, durante muito tempo ainda, saberia cantar sem ajuda muitas das músicas que aprendera em meio a tantos torcedores como ele.

Passou a amar ainda mais o futebol. Tal como o pai, também adotou o Belo, apelido do Botafogo da Paraíba, como segundo time, como o time de sua cidade, o time pelo qual também valia a pena torcer e se emocionar. Desde muito cedo, passou a frequentar, igualmente ao lado do pai e do avô, o estádio Almeidão, de João Pessoa, onde o time paraibano manda os seus jogos. Empolgava-se com o Belo como se emocionava com o Flu. Até que, ao ficar mais velho, já não sabia mais qual era o time número um e qual era o número dois.

— O Belo é o único time que, acho, faria eu torcer contra o Fluminense. Mas que bom que eles não se enfrentam tanto — comentaria Gabriel muitos anos depois, ao ser entrevistado para este livro, com um sorriso honesto e lembrando divertidamente que ambos os clubes jogam divisões diferentes do Campeonato Brasileiro.

De toda forma, o pai tinha feito um trabalho e tanto no filho. O futebol era parte importante de sua vida. E esse era um sentimento tão forte que, desde os primeiros momentos de vida, ele sempre rejeitou os demais brinquedos.

Era algo extremamente curioso. Gabriel renegava eventuais carrinhos, bonecos e jogos que ganhava, deixava-os esquecidos num canto do quarto e voltava todas as suas atenções para as bolas que tinha.

Quando começou a falar, e a se comunicar, ficou tudo mais fácil. Ele dizia com todas as letras que queria bola de presente. Uma atrás da outra, comemorações após comemorações, presentes após presentes, Gabriel ia aumentando sua coleção de bolas e teimando em não querer brincar de mais nada a não ser futebol. Depois, começou também a colecionar camisas de diferentes clubes. E, solenemente, declarava:

— Eu quero ser jogador de futebol!

O pai se emocionava, derretia-se de orgulho, sonhava com o filho atleta, incentivava-o a gostar ainda mais de futebol, de Fluminense, de Botafogo da Paraíba, de jogar bola.

Quando chegou a fase de estimular o desenvolvimento da criança com jogos e brincadeiras educativas, não houve negociação. A única saída foi adaptá-los de forma que os estímulos acontecessem sempre com o uso de suas muitas bolas. Já naquela época, o futebol o ajudava a se desenvolver.

Gabriel tinha um temperamento tranquilo. Extremamente calmo e obediente. Voz mansa, olhar sereno, expressão sorridente. Tímido. Era o oposto do irmão, Rafael, que nasceria em 8 maio de 2008, com menos de três anos de diferença do mais velho.

Rafael, na verdade, teve uma trajetória diferente da do irmão antes mesmo do nascimento. Foi fruto de uma gravidez muito conturbada, e os médicos deram como certo o fato de que ele nasceria com alguma síndrome ainda indefinida. Foram meses de tensão, exames, orações, incertezas. Uma experiência bem diferente da vivida com Gabriel, quando a gravidez aconteceu quase sem intercorrências.

Mas eis que veio o dia do nascimento do segundo filho. E, a despeito dos temores, ele nasceu completamente são, sem absolutamente nenhum tipo de problema de saúde.

O segundo filho, no fim das contas, mostrou-se um menino igualmente saudável, mas ao mesmo tempo era agitado, não tinha nada de tímido, e era muito mais comunicativo e atirado. Jeitos bem diferentes de ser. Mas que não interferiam em nada na amizade intensa que ambos nutriam um pelo outro desde o início.

O irmão mais novo não chegava a ser tão vidrado por futebol como o mais velho, visto que também se ocupava de outras atividades e brincadeiras. Mas o fato é que ambos dividiam o mesmo carinho pelo esporte. E, cada qual na sua idade, demonstraram interesse em jogar futsal de forma mais séria.

Gabriel foi o primeiro. A princípio, entrou na escolinha de futsal da escola onde estudava, o Kairós, que naquela época era especializada em crianças nos primeiros anos escolares e onde o menino estudou dos dois aos sete anos de idade. Era treinado, a princípio, pelo professor Nildo Gonçalves, que, após pouco tempo, o convidou a fazer parte da seleção Sub-7 do Esporte Clube Cabo Branco, um tradicional clube social da cidade que mantinha seleções em todas as faixas etárias.

Ele era dedicado. Desde o princípio, demonstrou um carinho e um respeito pelos treinos que chamavam a atenção. Era impossível perder um dia de treinamento. Nunca reclamou, nunca pediu para não ir, nunca disse que naquele dia específico estava sem vontade. E, paralelo a isso, o pai e a mãe eram de uma dedicação hercúlea para que ele respeitasse os horários e nunca chegasse atrasado.

Foi quando começou no futsal competitivo, em 2012, ainda com seis anos de idade, a alguns meses de completar sete.

A partir daí, passou a participar de campeonatos estaduais e, às vezes, interestaduais. Os treinos se tornaram mais intensos e frequentes. Somadas as atividades no clube e no colégio, chegava a treinar cinco dias por semana, sempre em horários distintos aos das aulas. Tinha uma vida agitada, mesclando estudos e futebol. E adorava muito tudo aquilo. Naquele primeiro ano como jogador do Cabo Branco, foi vice-campeão paraibano de futsal, perdendo a final para os meninos do Benfica.

Não chegava a ser o melhor do time. Nunca foi o craque que decidia os jogos. Mas tinha seu espaço na equipe. Era conhecido por sua dedicação tática e pelo seu poder de marcação. Pela sua disciplina, acima de tudo.

Era reserva de um time que, hoje, tem garotos tentando a sorte em grandes clubes do Brasil, como Sport, Fluminense e Santos. Mas, não raro, entrava nos jogos. E, naqueles momentos, sentia-se o mais feliz dos meninos.

É o próprio Gabriel quem se definiria:

— Eu nunca fui artilheiro. Nunca fui de marcar muitos gols. Mas era bom na marcação — explicaria, empolgado, lembrando os tempos de competições.

No Cabo Branco, por sinal, ele rapidamente se enturmou com os demais meninos do time. Ficaram amigos. E, sabendo que a maioria deles estudava no Colégio Motiva, pediu aos pais para se transferir de escola e se juntar à mesma sala de aula dos companheiros de equipe. Os pais assentiram, e a mudança aconteceu para o ano letivo de 2013. O ano mais difícil de sua vida estava para começar, mas, por ora, nada indicava que ele teria algum tipo de problema.

Pode parecer chavão. Talvez até seja. Mas o fato é que cada vez mais aquela turma do futsal virava uma grande família. Todos com a mesma idade, eles não se desgrudavam. Estudavam juntos, atuavam juntos como atletas, viajavam igualmente juntos para eventuais jogos fora de João Pessoa.

A amizade entre as crianças, assim, era um processo natural. E se estendia para além da quadra, ganhando as arquibancadas, onde estavam seus pais e mães, que faziam tudo igualmente juntos. Assistiam aos treinos e às partidas, torciam aloucadamente, viajavam com as crianças. Todos, no fim das contas, se conheciam. E se gostavam. Isso ajudava a criar um ambiente de harmonia no clube, na escola, na quadra, no entorno dela.

Pouco tempo depois de Gabriel ir para o Cabo Branco, a propósito, Nildo Gonçalves assumiu as categorias de atletas mais velhos do clube. E Rodrigo Souza, que até então era o auxiliar técnico, assumiu o comando do time Sub-7.

Tratava-se de um ex-jogador de futebol que chegou a atuar profissionalmente pelo Botafogo da Paraíba, mas que, aos 21 anos, decidiu que precisava mesmo era estudar. Nessa época, portanto, ele era estudante de Educação Física, mas hoje é formado, tem pós-graduação em futsal e é um estudioso em psicologia do esporte.

Rodrigo estava no início de sua carreira. O time de Gabriel foi o primeiro que ele treinou. Mas ele já carregava certa experiência como boleiro. Treinou-o tanto no Cabo Branco como na escolinha do Motiva, passando a ser o professor do menino e de seu time nos dois ambientes.

O professor conta que Gabriel começou como goleiro, apenas como teste, mas não se adaptou. Lembra, divertidamente, que eram tantos gols que o time levava em alguns treinos que às vezes ele deixava de contar. Gabriel, então, passou por adaptações, foi para a linha, identificou-se como um bom marcador. Encontrou seu espaço.

Nessa época, o menino tinha uma vida absolutamente normal. Ia à pediatra regularmente, como é típico de crianças em desenvolvimento, e nada era diagnosticado que fugisse de um quadro clínico típico de uma criança saudável.

No primeiro semestre de 2013, inclusive, conquistou o título de campeão paraibano, derrotando na final o algoz do ano anterior, o Benfica, dessa vez com direito à vitória nos dois jogos decisivos (9 a 7 na partida em casa e 2 a 0 na partida fora de casa). Foi o primeiro sentimento de glória, de arrebatamento, de título que o menino sentiria na vida.

Outros títulos menores ainda seriam conquistados naquele mesmo ano. E, ao menos do ponto de vista pessoal, para Gabriel, o maior dos prêmios aconteceu em julho de 2013, numa competição realizada na capital sergipana, Aracaju, em que o menino foi escolhido capitão do time do Cabo Branco.

— Foi um dos momentos mais felizes da minha vida como jogador — resumiria Gabriel, sorriso estampado no rosto, lembrando dos fatos ocorridos anos antes.

Mas, coletivamente, o fato é que entre um jogo e outro, entre um treino e outro, todos aguardavam ansiosamente o fim da temporada, quando a Federação Paraibana de Futsal realizaria o evento solene de premiação dos campeões estaduais de todas as categorias. E, em meio a tanta comemoração, ninguém ousava imaginar que nem tudo sairia como planejado.

As descobertas, contudo, não tardariam a surgir. E, com o avançar de 2013, algo foi mudando. Rodrigo percebeu que a evolução do garoto nos treinos não acontecia na mesma intensidade que a de seus companheiros de time. Percebeu nele uma coordenação motora deficitária. Uma dificuldade maior de se manter em pé em jogadas mais intensas, que exigiam mudanças bruscas de direção, por exemplo.

Conversou com os pais de Gabriel sobre isso. Pediu para ele realizar treinos adicionais e em separado com o objetivo de melhorar o desempenho dele nesse quesito. Pais e filho aceitaram na hora. E, a partir daí, três vezes por semana, Gabriel realizava, para além do treino de uma hora de duração, mais trinta minutos de trabalho específico de equilíbrio, com exercícios que incluíam o uso de cones, cordas e bambolês. Ele nunca se atrasou, nunca reclamou, nunca pediu para encerrar a atividade mais cedo.

Ninguém sabia ainda, mas aquele problema já era provocado pelo tumor no cérebro, que começava a se manifestar. E, ao relembrar daquele tempo, Rodrigo adotaria uma expressão séria:

— Era claro que o equilíbrio de Gabriel era pior do que o de seus colegas de time. Mas eu simplesmente não tinha como associar aquilo a um tumor no cérebro.

Dois outros episódios mais marcantes chamariam a atenção do técnico. No final de agosto, o time jogava uma competição em Campina Grande. Gabriel estava em quadra. Foi para o ataque junto com o seu time, mas a equipe do Cabo Branco acabou perdendo a posse de bola.

Pelos treinamentos, os jogadores tinham que voltar rapidamente para a defesa. Mas, a partir de certo ponto da quadra, a corrida tinha que acontecer de ré, movimentando-se de costas para o setor de defesa e de frente para onde vinha a ofensiva adversária.

Era um movimento comum. Usual. Quase automático. Exaustivamente repetido nos treinos. Feito por todos os times e por todos os atletas que jogam aquele esporte, com o objetivo de recuar enquanto observam os movimentos da outra equipe e combatem de forma mais efetiva as eventuais tentativas de gol do rival.

O próprio Gabriel já cansara de repetir aquele ato. Mas, naquele dia específico, naquele jogo específico, algo saiu diferente. O jogador já tinha efetuado o giro e corria de costas quando se desequilibrou de forma repentina e inexplicável. Caiu no chão quase sem resistência. E caiu sozinho, sem nenhum esbarrão ou outro tipo de fator externo que justificasse o jeito que caíra, para trás, como quem simplesmente perde o compasso da corrida e desaba sem forças.

Descrito dessa forma, anos depois de tudo o que aconteceu, fica fácil atestar com total segurança o que provocou aquela queda. Mas, no calor do jogo, na rapidez da cena, não era tão simples. Até porque Gabriel se levantou com a mesma velocidade com que caiu e seguiu jogando, seguiu marcando, seguiu atuando de forma aparentemente normal. Sem comprometer a equipe, nem mesmo no lance em questão.

Mas aquele tombo, sem dúvida alguma, mexeu com o técnico. Ele viu toda a cena. Foi, talvez, o único que percebeu algo diferente, mais estranho do que aparentava num primeiro momento. Chegou a se preocupar, a questionar se de fato os treinos extras de equilíbrio estariam surtindo o efeito esperado. Mas, novamente, não dava para, naquele estágio inicial, pensar em câncer ou algum problema do tipo.

Semanas depois, terminada a competição em Campina Grande e de volta à rotina em João Pessoa, a cena se repetiu. Exatamente da mesma forma, só que dessa vez não era jogo, mas treino. Gabriel girou, iniciou a corrida para trás e, pouco depois, quando ainda acelerava, se estatelou na quadra de taco de madeira do clube alvirrubro. Mais uma vez, levantou-se num salto. Mais uma vez, reiniciou a corrida. Mais uma vez, seguiu fazendo o que gostava de fazer como se nada de anormal estivesse acontecendo. Mas, definitivamente, algo parecia fora do lugar.

Eram os primeiros indícios do tumor que, pouco a pouco, ainda de forma indolor e incapaz de ser diagnosticado naquele momento, começava a crescer dentro de sua cabeça, na região da nuca, bem perto do cerebelo. E que, a cada vez que crescia, comprimia mais uma das áreas nobres do cérebro, responsável pelo movimento e pelo equilíbrio.

É uma doença rara em crianças e adolescentes. Segundo o Instituto Nacional de Câncer, apenas 3% dos casos de tumores malignos registrados no Brasil se desenvolvem em pessoas entre zero e dezenove anos, a faixa etária em que se encontrava Gabriel. E, muito por isso, era difícil ligar uma coisa à outra. Mas o tumor, que até então permanecera perigosamente anônimo, começava a se manifestar.

Lá pela segunda semana de outubro daquele ano, surgiu mais um problema. Ele começou a ter o que parecia ser enxaqueca. Dores de cabeça que o acompanhariam por longos dias, sempre de forma intermitente. Que passariam a ser tratadas com medicações leves e que, por incrível que pareça, faziam efeito. Ao menos até o dia seguinte, quando todo o processo se repetia.

Ainda assim, a vida seguia seu rumo. Gabriel e o irmão Rafael continuavam a frequentar normalmente o colégio e a jogar futsal, cada qual em sua série e em sua categoria.

Mesmo quando amanhecia com enxaqueca forte, o irmão mais velho se recuperava rapidamente após tomar um remédio simples para dor de cabeça. Voltava invariavelmente à normalidade. E era justo essa normalidade pós-medicação que parecia confortar e acalmar a família. Não poderia, afinal, ser nada muito grave uma dor de cabeça que era tratada com um analgésico qualquer comprado em farmácia.

Assim, em 14 de outubro de 2013, a família levou adiante o planejamento de se mudar provisoriamente para o apartamento dos pais de Marcus, avô e avó paternos das duas crianças. O motivo era simples. Yanna descobrira em maio que estava à espera de seu terceiro filho e, naquele momento, entrava no quinto mês de gravidez. A ideia, então, era fazer uma reforma na casa onde moravam para acomodar melhor mais uma criança e, naquele meio-tempo, ficariam hospedados num outro ambiente.

O apartamento era grande. Tinha espaço de sobra. Marcus e Yanna morariam por um tempo no mesmo quarto que no passado fora dele. E as duas crianças seriam acomodadas no quarto que já fora de Daniel, o irmão mais novo de Marcus e padrinho de Gabriel, que também já não morava mais com os pais. Parecia tudo resolvido para iniciar uma obra que não deveria durar muito. Era quase uma aventura para os dois meninos, aquela experiência de passarem um tempo convivendo mais de perto com os avós.

No dia 18 de outubro, no entanto, apenas quatro dias depois da mudança e com a obra já iniciada, a dor de cabeça de Gabriel ficou mais forte, sentida logo pela manhã, ao acordar. Era uma sexta-feira. Ele foi medicado, a dor passou, o menino foi para o colégio. Teve um dia normal. Jogou futsal. Parecia bem.

A origem das enxaquecas continuava sendo um mistério, a preocupação rondava a casa. Até que Yanna começou a se mobilizar, decidida a pôr fim ao problema. Ligou para alguns médicos, marcou algumas consultas e inclusive agendou para novembro uma ida à clínica do neurologista Christian Diniz. Aparentemente, nada precisava ser feito com muita pressa. Mas isso estava para mudar.

Gabriel passou um final de semana relativamente tranquilo. Mas, ainda no sábado, quando o tio Roussean (irmão mais velho de Yanna) o convidou para ver uns cavalos numa fazenda, ele não quis ir porque a dor de cabeça estava muito forte.

Roussean trabalhava com criação de cavalos e, como o sobrinho demonstrava gostar muito de animais, o tio frequentemente o levava junto nesses passeios. Muito por isso a negativa chamou atenção. Era a primeira vez que o menino declinava de um convite daqueles. E justamente porque as dores começavam a chegar num ponto quase insuportável. Era um novo sinal de alerta que se acendia.

As dores sempre vinham pela manhã, fortes, e por vezes o deixavam realmente irritado. Isso voltou a se repetir no domingo, por exemplo, mas, após ele ser mais uma vez medicado, a dor recuou.

Na segunda-feira, dia 21, a cena se repetiu. Yanna então consultou a pediatra Heloísa Amorim, que acompanhava Gabriel de perto desde o seu nascimento e, consequentemente, participara das diferentes fases da infância do menino. A médica aconselhou levá-lo a uma oftalmologista como forma de prevenção e apenas para se tranquilizar, mas jamais imaginou que algo realmente grave estava em curso.

Era semana de Jogos Internos no Colégio Motiva. E de reta final de treinos no Cabo Branco para a Taça Paraíba de Futsal, que começaria na quinta-feira. Muito por isso, Marcus foi contra a ideia de levar o filho a uma médica à qual ele já tinha ido poucos meses antes.

Yanna, no entanto, se manteve irredutível. E, à tarde, conseguiu, por intermédio de uma tia, agendar com urgência uma consulta com a oftalmologista de Gabriel, Ana Carla Montenegro.

À noitinha, Gabriel treinaria futsal normalmente. E, na manhã de terça-feira, jogaria uma partida dos Jogos Internos do colégio. Fez isso como se nada estivesse acontecendo. Sem aparentar que já há pouco mais de uma semana convivia com uma enxaqueca que só se tornava mais forte e mais frequente a cada dia.

A consulta com a oftalmologista aconteceria na tarde daquela mesma terça-feira, 22 de outubro de 2013. Yanna o levaria. Marcus, que ficaria trabalhando, armou todo um esquema para conseguir garantir que, apesar da consulta, o filho não faltaria ao treino à noite.

Mas os esforços de Marcus se mostrariam em vão. Aquele 22 de outubro pode ser marcado como o dia do primeiro treino de futsal que Gabriel perdeu ao longo de dois anos da mais pura dedicação e disciplina. Pode ser marcado também como o dia em que se iniciou uma das mais violentas, agressivas e insanas guerras de uma criança contra a morte.

Definitivamente, não seria um dia fácil para aquela família. Ao mesmo tempo, comparado com outros que se seguiriam, seria apenas o começo. E, a rigor, um dos dias difíceis mais fáceis que eles viveriam a partir de então.

4
O DIAGNÓSTICO

Yanna e Gabriel chegaram ao Centro Oftálmico Tarcízio Dias, na avenida Epitácio Pessoa, por volta das quatro da tarde. Eles estavam acompanhados de Lourdes, a mãe de Marcus, que resolvera ir junto com a nora e com o neto à consulta. Era justo naquele local onde funcionava o consultório da médica Ana Carla Montenegro, oftalmologista que acompanhava o garoto desde os primeiros exames de vista que ele fizera, dois anos antes.

Gabriel sempre tivera uma visão perfeita. E estivera pela última vez naquele consultório em julho, apenas três meses antes de seu retorno. Por isso, Ana Carla ficara extremamente surpresa quando, no dia anterior, recebera um telefonema de Kalina, uma velha amiga que era tia de Yanna, pedindo-lhe que recebesse novamente o garoto para checar dores de cabeça constantes que ele vinha tendo.

A médica só não mandou eles irem ao seu encontro imediatamente, na própria segunda-feira, porque ela realizaria uma cirurgia naquele mesmo dia, mas muito tempo depois admitiria que já naquele telefonema ficara tensa com o que poderia ser.

Ela sabia, na verdade, que em apenas três meses a visão do menino não poderia ter piorado tanto a ponto de ser a causa daquelas dores. Mas, havendo dor, era mais do que necessário investigar o motivo.

Os três não demoraram na sala de espera. Entraram pouco depois de chegarem e rapidamente o menino foi atendido pela médica oftalmologista. Apenas por desencargo de consciência, e para fazer uma investigação completa, Ana Carla fez, inicialmente, a famosa avaliação de acuidade visual, o popular exame de vista. Constatou, como previra, que a visão estava absolutamente normal, mas já naquele primeiro momento sentiu um calafrio perpassar o seu corpo.

Ao colocar a lente de aumento do aparelho utilizado na avaliação próxima aos olhos de Gabriel, ela imediatamente percebeu uma aparente anomalia no fundo do olho de seu paciente, o que lhe deixou altamente alarmada.

Era quase como se sentisse o coração ir pouco a pouco acelerando cada vez mais, antevendo más notícias que em breve seriam confirmadas. Ainda assim, ela tentou se manter tranquila, com o objetivo máximo de não alarmar a família antes do tempo e antes de um diagnóstico mais preciso.

Naquele momento, passado o tempo padrão para uma consulta normal, Marcus já tentava entrar em contato para ter certeza de que poderiam levar o filho para o treino de futsal. Mas esses não eram nem de perto os planos da médica.

A decisão dela, ao contrário, foi dilatar a pupila de Gabriel, num processo demorado realizado à base de colírios. Não tinha muito o que fazer. Era necessário primeiro esperar todo o processo de dilatação e, uma vez finalizado, ela conseguiria realizar uma investigação mais segura do fundo dos olhos do menino. O exato local onde ela avistara a tal anomalia e que desde então passara a ser o foco principal de toda a sua preocupação.

Obedecendo às ordens da médica e da mãe, Gabriel sentou-se então numa cadeira na sala de espera da clínica. E, a partir daí, começou-se o processo de gotejamento de colírio nos olhos do menino. Coloca as gotas, espera, coloca de novo, espera. Repete-se o processo ao menos três vezes até que a pupila chegue ao tamanho ideal para a realização do chamado exame de fundo de olho. A ida ao treino, a essa altura, estava mais do que cancelada. E Marcus, já ciente de que tinha algo a mais a ser analisado, resolveu ceder e foi ao encontro da família.

Dentro do consultório, à espera do fim da dilatação e do consequente retorno de Gabriel, Ana Carla estava nervosa. Apavorada. Com receios que lhe atormentavam, mas que já eram bem próximos da certeza.

A experiência profissional, somada ao fato de ela acompanhar o menino desde cedo, principalmente pelo que ela vira quando colocou a lente do aparelho perto dos olhos da criança, a fazia descartar quase todas as possibilidades e se apegar justamente àquela que era a mais grave. A mais perigosa. A mais chocante. A mais pesarosa. O exame de fundo de olho seria mais uma formalidade, talvez, apenas para ela ter a confirmação clínica do que já era capaz de antever.

Pois eis que, enfim, Gabriel retornava para dentro do consultório com as pupilas dilatadas. E ela nem bem precisou iniciar o exame. Rapidamente entrou em choque. Suspendeu a respiração por breves segundos. Depois respirou fundo, discretamente, tentando recuperar a calma. As dúvidas estavam sanadas na cabeça dela. Gabriel tinha, de fato, um tumor em seu cérebro.

— Eu fiquei arrasada. Era uma coisa terrível e devastadora — comentaria ela anos depois.

Não era, contudo, o exame definitivo. E, por isso, ela não antecipou nada. Mas, ao relembrar os fatos, admitiria que não teve muito sucesso na sua tentativa de não alarmar previamente os pais do menino, àquela altura já reunidos em torno dele.

O fato é que, no exame, ela identificou um "papiledema bilateral em grau já avançado". Tratava-se, em outras palavras, de um forte edema (inchaço) do disco óptico de ambos os olhos. Ou, como também pode ser chamado, da cabeça do nervo óptico.

Em termos mais leigos, os nervos ópticos ficam dentro da cabeça e são justo as conexões que levam as informações dos olhos para o cérebro. Pois a tal cabeça do nervo óptico, localizada exatamente no fundo do olho, é a única parte desse nervo que é possível de ser vista sem a necessidade de exames de imagem.

E, com a dilatação, ela via claramente um quadro que era absurdamente assustador. O edema, que não era pequeno, era um claro sinal de hipertensão intracraniana, algo que normalmente só acontece em casos de AVC, aneurisma cerebral ou tumor no cérebro. Pela idade de Gabriel e pelas informações médicas que Ana Carla já possuía sobre o garoto, naquele exato momento ela teve certeza de que as duas primeiras possibilidades estavam descartadas e era absolutamente seguro afirmar que a terceira opção era a correta.

Ela estava certa. Sabia estar. E sofria absurdamente por se ver naquela condição, com o diagnóstico correto. A oftalmologista era a primeira pessoa, a única até aquele momento, a saber com clareza e segurança que, sim, Gabriel tinha câncer. Tinha um tumor em seu cérebro. Precisaria passar por um processo violento para tentar se ver curado.

— Era um misto de sensações. Eu fiquei muito feliz por conseguir dar um diagnóstico rápido, porque isso é importantíssimo nesses casos. Mas, ao mesmo tempo, fiquei muito apreensiva com tudo o que ele iria ter que enfrentar — ponderaria a médica ao falar sobre o caso em 9 de maio de 2018, no mesmo consultório em que vivera todas aquelas emoções conflitantes de outubro de 2013.

Calmamente, tentando se controlar, tentando evitar que pais e criança se alarmassem, Ana Carla buscava as palavras certas para falar o que tinha que falar.

Não falou em câncer. Nem em tumor. Mas, de forma séria e firme, falou da necessidade urgente, inadiável, de procurar um neurologista para atendimento imediato. Não era possível esperar, ela disse. Não era possível retardar mais nenhum minuto. E repetiu. Gabriel precisava ser visto — e analisado — por um neurologista infantil com a máxima pressa. Qualquer minuto a mais poderia ser um problema.

Foi quando a médica falou no nome de Christian Diniz, definido por ela como uma das principais referências de neurologia infantil do Brasil. E foi quando Yanna se lembrou de que já tinha uma consulta marcada com ele, mas que só aconteceria em novembro.

O impasse, aparentemente, estava formado. Mas imediatamente Ana Carla resolveu agir. Mandou levarem Gabriel já no dia seguinte ao consultório de Christian. Com ordens expressas para se apresentarem no local como um caso urgente e encaminhado por ela com pedido de prioridade. E alertou, apenas para ressaltar a gravidade do caso: vão amanhã, de preferência ainda no turno da manhã, o mais rápido possível.

Marcus e Yanna ainda não sabiam de fato o que Gabriel tinha. Mas a mensagem clara e preocupada da oftalmologista já os deixava de antemão em estado de alerta. Ainda que sem saber exatamente o que era, naquele momento os dois perceberam que algo realmente grande estava para acontecer.

Ainda no consultório, ligaram para Heloísa Amorim, a pediatra do menino. Relataram a ela o que se passara. Disseram-lhe, com uma indisfarçável tensão na voz, da necessidade de ir o quanto antes ao encontro de Christian Diniz.

Mas nada era tão simples. Heloísa, que concordava com as excelentes referências sobre o neurologista, tentou várias vezes, mas simplesmente não conseguia falar com ele. Telefone celular desligado, médico com paradeiro incerto, ainda não localizado. O tempo passava.

Marcus e Yanna chegaram em casa. Lourdes, a avó materna, também. Mas, a princípio, cada um guardou para si muito dos sentimentos de preocupação que já tinham naquele momento. Disseram aos familiares apenas o óbvio. Que a oftalmologista tinha pedido para levar Gabriel a um neurologista, e que fariam isso ainda na quarta-feira. Advertiram, no entanto, que tudo não passava de exames de rotina, com o objetivo claro de preocupá-los o mínimo possível.

No início daquela mesma semana, Suelene, a mãe de Yanna, tinha feito uma pequena cirurgia de cálculo renal. Ainda estava se recuperando, mas foi uma das únicas que percebeu que a situação do neto poderia ser bem mais grave do que estava sendo dito. Ela também ficou em estado de alerta. Obrigou a filha a lhe contar, no dia seguinte, tudo o que o médico dissesse para eles.

De toda forma, os próprios pais ainda sabiam pouco. E nem mesmo tinham conseguido falar com o médico. Marcus, por exemplo, foi para o computador. Começou a fuçar aqui e ali para ver se conseguia informações sobre o médico. Chegou a localizar alguns perfis dele em redes sociais, mandou mensagens, esperou. Mas nenhuma resposta chegava de volta.

Já era tarde. Resolveram dormir. O dia seguinte certamente seria cheio e, mais do que isso, começaria bem cedo. Assim foi feito.

Acordaram nas primeiras horas do amanhecer, ansiosos por tentar enfim localizar o neurologista Christian Diniz.

Ninguém sabia ainda, mas Christian estava fora do país, ministrando um curso de especialização para médicos estrangeiros. E, numa dessas coincidências incríveis, difíceis de imaginar, estava voltando para o Brasil e para João Pessoa exatamente naquela noite de terça para quarta-feira. Daí o telefone desligado. Daí a incapacidade de contato.

Mas, por volta das 10h30, o médico já estava em terras pessoenses. E acabara de religar o seu telefone celular quando ele tocou de repente. Era, enfim, Marcus. Que se apresentou, resumiu o que se sucedera nas últimas 24 horas, e conseguiu marcar para o início da tarde a consulta de emergência, naquela mesma clínica localizada na avenida Camilo de Holanda.

Nesse meio-tempo, Christian conversou também com Ana Carla e com Heloísa por telefone, informando-se melhor sobre dados mais técnicos do caso, de forma que, pouco antes da hora marcada, ele já estava à espera do trio que lhe visitaria a qualquer momento.

Eis que chegaram. E em pouco tempo estavam todos dentro do consultório do médico. Era a primeira vez que aquelas pessoas se encontravam. Não sabiam ainda que suas vidas ficariam ligadas para sempre.

Gabriel, Yanna e Marcus, de um lado, lembrariam no futuro da perícia do médico que salvou a vida do menino. Christian, de outro, passaria muitos anos falando emocionado do "milagre" que foi Gabriel em sua vida. E ambos os lados seriam mutuamente gratos. Plenamente certos de que saíram daquela história mais fortes e mais maduros.

Mas, naquele primeiro momento, eram meros desconhecidos. Uma família que vai a um médico específico pela primeira vez. Um médico que atende, a rigor, mais um dentre tantos pacientes que já passaram por seu consultório ao longo de anos e anos de experiência profissional.

Eles se apresentaram. Cumprimentaram-se. Christian se aproximou de Gabriel. Começou a conversar com ele. Fazer algumas perguntas. Observá-lo atentamente.

Realizou, a partir daí, uma série de testes cognitivos. E não precisou de muito tempo para confirmar o diagnóstico de câncer, antecipado no dia anterior pela oftalmologista.

Ele se lembra bem daquele dia. E explicaria que Gabriel chegou em seu consultório com todas as características de quem tem uma lesão cerebral. Pois o garoto apresentava, naquele ponto em que o tumor já se tornava mais evidente, dificuldade de marcha, desequilíbrio, impossibilidade de colocar a ponta do dedo na ponta do nariz. E, para além disso, continuava com dores de cabeça cada vez mais fortes.

Com todas essas indicações, Christian já conseguia prever inclusive que o tumor estaria localizado na chamada fossa posterior, que fica próxima do cerebelo e do quarto ventrículo.

— Toda a parte do equilíbrio e da coordenação motora estava alterada. Era um quadro clínico bem característico de tumor no cérebro, principalmente considerando a pouca idade do paciente — relembraria o médico.

Após os testes, ele se sentou à mesa e se voltou atentamente aos pais. É sempre uma conversa difícil dizer a pais que um filho tem câncer. Que uma cirurgia é necessária. Que eles não têm muito tempo a perder caso queiram evitar eventuais sequelas que poderiam tornar tudo mais grave.

Ao falar, contudo, ele escolheu palavras mais cuidadosas, mais sensíveis, até certo ponto mais leves. Olhando fixamente para Marcus e para Yanna, o médico conversou de forma atenta e cuidadosa. Mas, tantos anos depois, os pais de Gabriel têm lembranças distintas sobre aquele momento difícil de suas vidas.

Yanna, por exemplo, lembra do médico usando o termo "tumorzinho". Marcus, ao contrário, lembra apenas de ter ouvido algo como uma "bolinha na cabeça". Mas ambos são unânimes ao dizer que foram avisados da necessidade urgente e imperativa de se realizar uma cirurgia para resolver o problema. Foi, enfim, uma fala ao mesmo tempo séria e cordial, grave e protetora.

De toda forma, o medo da véspera se confirmara. Os pais seguiam apreensivos. Mas sem lá muito tempo para lamentações. A princípio, o neurologista pensou em realizar a operação na sexta-feira, dali a 48 horas. Depois, ainda durante a consulta, percebeu que a situação era até mais delicada. E imediatamente reformou a sua ideia original, formalizando sua nova intenção de já operar no dia seguinte, logo na quinta-feira, caso isso fosse de fato possível.

Para tanto, muito precisaria ser feito. E o primeiro passo era realizar uma ressonância magnética na cabeça do menino. Na verdade, Christian não tinha mais dúvidas de que se tratava de um tumor. E garantia com um alto nível de segurança que ele estaria mais para perto da nuca. Mas apenas um exame de imagem poderia atestar a posição exata e o tamanho aproximado do tumor. Era um exame, portanto, essencial para a realização da cirurgia.

O médico disse mais. Pediu que o exame fosse feito com a radiologista de sua confiança, Alessandra Vanessa de Albuquerque, que atendia perto dali, na clínica Nova Diagnóstico, a qual tem mais de vinte anos de experiência profissional em exames de imagem como aquele que precisava ser feito.

Os três deixaram o consultório. Ligaram para a Nova. Não havia vagas disponíveis para aquele mesmo dia. Marcus não se deu por vencido. Lembrou de sua tia e madrinha, Salete Trigueiro, que é uma renomada patologista e professora universitária, casada com um irmão da mãe de Marcus. Contou-lhe tudo o que se passava. Sobre a dificuldade de conseguir o exame. Sobre o desespero que lhe consumia naquele momento.

Salete, a princípio, levou um susto com a notícia. Mas rapidamente se recompôs. Sentenciou:

— Pegue-me aqui em casa. Agora. Vou com você à Nova. Gabriel vai fazer esse exame hoje.

Salete entrou com tudo na história. Acionou uma rede de contatos médicos, conversou com quem era preciso, pediu a agilidade que o caso exigia, até que conseguiu confirmar, em caráter de urgência, o exame para aquela mesma tarde.

Em paralelo a isso, o próprio Christian já tinha também conseguido conversar com Alessandra, adiantando-lhe o caso e pedindo-lhe urgência no diagnóstico, no que foi prontamente atendido. Afinal, ele tinha pressa. E queria saber o quanto antes com o que de fato estava lidando.

Era uma verdadeira corrida contra o tempo. E a tensão dos pais de Gabriel chegava a níveis quase insuportáveis. Mas precisavam se manter serenos. Muito ainda deveria ser feito.

Foram para a Nova. No caminho, Yanna cumpriu a promessa feita à mãe e, por telefone, contou-lhe tudo o que se passara na clínica do neurologista. Em detalhes, sem esconder nada, conforme dissera que faria.

Suelene, portanto, alertada pela filha, consciente de que não se enganara ao antever na véspera algo mais grave, também iria para a Nova levada pela nora, Déborah (esposa de Roussean), e ignorando solenemente os apelos da filha de permanecer em casa, visto que estava ela própria em recuperação de cirurgia recente.

Ao chegarem na clínica, portanto, eram seis pessoas apreensivas, sem saber ao certo o que veriam. Sem saber ao certo o que aconteceria depois dali. Um dando força ao outro. Mas sem muitas conversas. Sentimento de medo em uns. De esperança em outros. Ansiedade em todos.

Gabriel, Yanna, Marcus, Salete, Suelene e Déborah foram recebidos por Alessandra, a radiologista, que os cumprimentou cordialmente. Ela ainda conversou rapidamente com todos, explicando como se daria a ressonância.

Mas Yanna acabou proibida de entrar na sala de exames por causa de sua condição de grávida, a fim de que nada prejudicasse o bebê em sua barriga. Suelene e Déborah, então, ficaram lhe fazendo companhia numa antessala enquanto Marcus acompanhava o filho. Salete, por sua vez, foi com Alessandra para a sala de monitores, onde era possível observar em tempo real as imagens que são formadas durante todo o processo.

De repente, estavam todos separados em três grupos distintos, sem comunicação entre si, cada qual naquele momento vivendo seus próprios dramas particulares.

Não é lá um exame muito confortável. O maquinário é muito grande. E o paciente examinado, deitado num tipo de maca, é introduzido totalmente numa espécie de túnel, onde fica por um tempo considerável.

É dentro desse maquinário que acontecem as reações. Ondas de radiofrequência reagem com átomos de oxigênio e de hidrogênio que são capazes de formar imagens de alta resolução do interior do corpo humano. E, no caso de Gabriel, o foco principal era a região intracraniana. A parte de dentro de sua cabeça.

Começou o exame. Gabriel deitado. Pouco a pouco sendo colocado para dentro daquele túnel assustador. Marcus, na medida do possível, mantinha-se próximo dele. E Alessandra, em meio a isso, observava atentamente os monitores ao lado de Salete.

Marcus, de onde estava, conseguia vê-las através de um vidro grosso, transparente, mas de onde era impossível escutar qualquer som. Foram aproximadamente quarenta minutos de terror total. Ele as observava, percebia expressões sérias e taciturnas, conversas mudas, e pensava que nada de bom poderia estar sendo observado por olhares tão graves, e se desesperava enormemente com a falta de informações.

Até porque, no campo de visão das médicas, o quadro começava a se desenhar. Lá estava o tumor. Bem onde Christian previra. Posicionado de fato bem perto do cerebelo. E lá estava o motivo principal das fortíssimas dores de cabeça que o menino sentia nos últimos tempos.

O corpo humano produz no interior da cabeça um líquido cerebral chamado líquor, que é drenado da cabeça para o resto do corpo principalmente através do quarto ventrículo, um finíssimo canal cuja função é interligar a cavidade craniana à corrente sanguínea. Pois o tumor já crescera a ponto de obstruir esse canal. E, sem ter por onde sair, o líquido já estava se acumulando ameaçadoramente no interior da cabeça do menino, o que caracterizava um quadro grave de hidrocefalia.

Era o excesso de líquor represado dentro da cabeça de Gabriel, portanto, que provocava o aumento da pressão intracraniana e, consequentemente, as fortes dores de cabeça.

O quadro não era dos mais simples. Precisaram usar um contraste no menino para facilitar a análise, o que fez demorar ainda mais todo o exame. Naquele momento, Yanna começava a chorar do lado de fora da sala. Incapaz de estar perto de seu filho, ela se desesperava. E, com o desespero, vinham as lágrimas.

Mas, mesmo com o contraste e com o prolongamento do exame, existiria uma dúvida entre o corpo médico que o atormentaria ainda por vários dias. As características aparentes do tumor indicavam três possibilidades principais. Três tipos distintos de câncer.

Gabriel poderia ter um meduloblastoma, um glioblastoma multiforme ou, ainda, um astrocitoma pilocítico. Todos eram tumores malignos, mas as semelhanças acabavam aí.

Os dois primeiros tipos possíveis possuíam um alto grau de malignidade e grande capacidade de multiplicação celular e de invasão tecidual. Exigiam também tratamento quimioterápico e radioterápico depois da cirurgia. Já o terceiro dos tipos possíveis, muito pelo contrário, tinha um baixo grau de malignidade e, na grande maioria das vezes, não se regenerava, o que, em regra, tornava a recuperação infinitamente mais tranquila.

Para além disso, os dois mais malignos cresciam bem mais rapidamente do que aquele menos maligno. O que significava que ter um ou outro poderia indicar rumos completamente distintos para o futuro do menino. Tanto no que dizia respeito ao tratamento como no que dizia respeito às chances de cura total.

Eram todos muito parecidos. E, mesmo que Alessandra, otimista, apostasse mais no tumor mais brando, ter certeza naquele momento era simplesmente impossível.

Não tinha jeito. No fim das contas, apenas a biópsia, que seria realizada pessoalmente por Salete após a cirurgia, atestaria com total certeza o tipo de tumor que colocava Gabriel em risco.

Restava apenas esperar, ao menos no que dizia respeito ao tipo de câncer. E, cientes da incapacidade de ação para resolver aquela questão específica, as duas médicas preferiram não antecipar nenhum medo, nenhuma dúvida, nenhum diagnóstico prévio.

A radiologista, mais do que tudo, foi cautelosa. E, depois de conversar demoradamente com Christian Diniz por telefone (usando termos que no fim das contas eram inacessíveis aos leigos), tentou passar otimismo aos pais. Disse que, de fato, Gabriel precisaria fazer a cirurgia para tirar o problema que estava provocando as dores e o desequilíbrio, mas lembrou que a medicina já possuía um alto índice de cura em problemas como aqueles.

— Eu tento sempre ser positiva. Passar confiança. Fazer com que os pais enfrentem o problema por uma ótica positiva. Foi o que tentei fazer naquele momento, mesmo sabendo que uma cirurgia na cabeça é sempre delicada — explicaria Alessandra.

Ela lembraria também, com brilho nos olhos ao comentar sobre aquele dia, da força e da firmeza daquela mãe que ela acabara de conhecer. Uma mulher grávida, com um barrigão que impressionava, demonstrando uma serenidade, uma fé, uma confiança que se mostravam inabaláveis. E seria a primeira pessoa a perceber, em todo aquele longo processo que estava por vir, o jeito incansável, dedicado e até mesmo teimoso de Yanna.

Não seria a única. Em pouco tempo, a mãe de Gabriel, mesmo sem saber, seria uma mulher famosa. Nas clínicas, no hospital, na UTI. Nenhuma má notícia, por pior que fosse, parecia ser capaz de fazê-la desistir. Esmorecer. Perder as esperanças na certeza da cura. Abdicar de sua fé.

— Tanto Marcus como Yanna se mostraram pais extremamente dedicados. Isso foi algo que me marcou desde o início. Mas Marcus era mais agitado. Yanna, não. Parecia de verdade que nada era capaz de lhe abalar. Que força! Eu tinha muita coisa para aprender com ela — completaria, impressionada, a radiologista.

Passou-se toda a tarde de quarta-feira e já se avançava pela noite quando tudo acabou. Alessandra cumpriu a promessa e entregou o laudo do exame, já totalmente finalizado, quase que imediatamente. Ao entregá-lo aos pais de Gabriel, sorriu de forma terna, olhando-os nos olhos, transmitindo palavras de confiança ao se despedir de todos.

Àquela altura, já estavam todos cansados. Era chegada a hora de voltar para casa. E, uma vez em casa, era a hora de dar a notícia de forma mais completa à família. Avós, tios, primos, amigos. Todos, em pouco tempo, ficariam sabendo da cirurgia. A notícia se espalhava rapidamente. Mas, naquele momento, os pais se apegavam ao que podiam para acreditar que, afinal, não haveria de ser nada absurdamente grave.

Ainda assim, na hora da notícia, Marcus sentiu o corpo estremecer e começou a chorar. Não o pai de Gabriel. Mas o homônimo, avô do menino. Foi um dos que mais sentiram o golpe. Que mais ficaram atordoados quando escutou aquelas palavras duras. Era apaixonado pelo neto. Dizia brincando que foram eles, os netos mais do que os filhos, que lhe fizeram ver que gostava de fato de criança. E era duro demais para ele saber que o menino passaria por uma cirurgia de alta complexidade.

Tudo acontecia muito rápido. Ainda no dia anterior, estavam indo à oftalmologista para saber se Gabriel iria precisar usar óculos. E, de repente, estavam às vésperas de realizar uma cirurgia invasiva na cabeça do menino.

Ligaram então para a cardiologista Ana Cláudia Diniz, irmã do pai de Marcus, para colocar-lhe a par dos últimos acontecimentos. Ao falar com ela, o pai e a mãe de Gabriel usaram apenas os termos que sabiam usar, ainda em tom bem leigo. E, mesmo assustados, passaram para ela, meio sem querer, a ideia de que seria algo bem mais simples do que de fato era.

Desligaram o telefone. E encontraram forças para tentar manter a vida seguindo seu curso natural. Sem estressar tanto as crianças. Sem passar para elas todo o medo que cercava os adultos. Saíram de casa e foram comer uma pizza. Kiko, Yanna, Gabriel, Rafael. Um jantar animado, protagonizado por uma família unida e feliz. Que ajudava a manter Gabriel com os pensamentos longe de todo aquele problema.

Nada fora do comum, aliás, a não ser por tudo o mais que se passava pela cabeça daqueles pais, que tentavam refletir sobre os rumos completamente distintos e inesperados que a vida tinha tomado nos últimos dias. De toda forma, não se demoraram. Voltaram para casa logo ao fim do jantar. Dormiram todos. Acordaram mais uma vez bem cedo, antes das seis da manhã.

Pensando hoje em dia em tudo o que aconteceu, aqueles foram momentos vividos, de fato, num ritmo alucinante por toda aquela família.

Menos de 72 horas antes, Gabriel estava treinando futsal no Cabo Branco. De forma que era quase inacreditável o fato de que, logo no início daquela manhã de quinta-feira, seus pais levariam para o médico que iria operá-lo — provavelmente naquele mesmo dia — um laudo de exame de imagens que comprovava a existência de um tumor na cabeça da criança.

Não sem razão, portanto, ambos seguiam atordoados. Numa espécie de transe. Como quem demora a acreditar que os fatos que vivenciam são mesmo reais. E, talvez por isso, ou numa tentativa de autodefesa, nenhum dos dois falava muito em tumor. Ou câncer. Ou risco de morte. Seguiam preferindo o termo genérico "bolinha". Ou mesmo "cisto", que, naquele contexto, não passava de mero eufemismo.

Ficara combinado que, para apressar todo o processo, Marcus e Yanna levariam o exame para o Hospital Arlinda Marques, onde Christian Diniz estaria naquela manhã de quinta-feira.

Decidiram deixar os meninos em casa e cancelaram a ida dos dois ao colégio naquele dia. Saíram cedo. Chegaram ao hospital sem dificuldades. Encontraram-se com Christian. Numa consulta meio improvisada na qual o médico observou os exames de forma paciente, atenta, mas no próprio hospital, após uma pausa rápida que conseguiu fazer para atendê-los.

A pressa de ver o resultado justificava a improvisação. O caso exigia agilidade. Não poderia esperar para a tarde, por exemplo, quando o médico estaria em seu consultório. Não. Tinha que ser logo. Ele então pegou os exames, viu o que tinha que ver e confirmou taxativamente: a cirurgia deveria acontecer já naquela quinta-feira, sem falta.

Não deixava de ser uma notícia esperada, mas, ainda assim, o choque foi inevitável. O médico entregou-lhes, então, uma série de guias médicas para exames clínicos pré-operatórios que precisariam ser feitos; além de solicitações para a cirurgia, que precisaria ser autorizada pelo plano de saúde.

Marcus e Yanna se entreolharam. Mantiveram a firmeza. Precisavam ir imediatamente para casa. Teriam um dia longo pela frente.

Despediram-se do médico. Chegaram em casa. Confirmaram a realização da cirurgia. Naquele momento, o medo era inevitável. O choro, incontido. As orações, de diferentes pessoas, se iniciavam aqui e ali, cada qual a seu modo buscando forças.

A quinta-feira seria cheia. A cirurgia fora marcada para as primeiras horas da noite. Mas, antes, uma grande burocracia precisava ser vencida. Tratava-se de uma cirurgia extremamente cara e, em alguns casos, demorava-se até sete dias para que o plano de saúde a aprovasse.

Eles, ao contrário, queriam vencer todas as barreiras e entraves em menos de dez horas. Para isso, as médicas da família foram novamente acionadas. E, enquanto Marcus e Yanna saíam para realizar os exames necessários em Gabriel, elas iniciavam uma verdadeira batalha burocrática.

Nesse momento, lutou-se, discutiu-se, exigiu-se. Laudos e comprovações de urgência foram mostrados. Num processo nem sempre rápido, mas que certamente tornou-se absurdamente mais rápido devido à intervenção dos familiares médicos que conheciam melhor os caminhos certos para abreviar o tempo de espera.

Ainda de manhã, conseguiram a pré-reserva de um dos blocos cirúrgicos do Hospital da Unimed para aquela noite. Deu-se entrada em toda a papelada. Até que, por volta de quatro da tarde, a autorização para a intervenção cirúrgica finalmente foi concedida.

Não restava mais nenhum empecilho para a cirurgia. Ela aconteceria dali a poucas horas naquela mesma quinta-feira, 24 de outubro de 2013.

5
A MAIS LONGA DAS NOITES

Gabriel tinha oito anos e quatro meses em outubro de 2013. Tinha cabelos escuros, lisos e relativamente vastos. Era saudável, corado, esperto e vivaz, com peso e altura dentro da média para a sua idade. Pelo menos até ser diagnosticado com o tumor. E, naqueles momentos de preparativos para a cirurgia, seria a última vez em muito tempo que todas as pessoas próximas veriam o menino daquele jeito, com o brilho nos olhos e a aparência saudável que sempre lhe foram peculiares.

Quando os pais chegaram de volta em casa, já no início da tarde, vindos dos exames feitos em Gabriel, a cirurgia ainda não estava totalmente confirmada. Ainda assim, começaram a se organizar para ir ao hospital. Deram um longo banho no menino, vestiram-no com roupas limpas e confortáveis, organizaram uma pequena mala com roupas e alguns poucos objetos.

Como os primeiros dias de pós-operatório seriam na UTI Pediátrica, eles não teriam, a princípio, direito a um quarto no hospital, de forma que a mala era realmente diminuta, apenas com objetos de primeira urgência.

O processo foi lento, feito com cuidado e carinho. Com o menino conversando de tempos em tempos com quem estava próximo. Ouvindo mais do que falava. Observando atentamente o movimento incomum que havia no apartamento. Recebendo palavras de apoio, sendo avisado de que iria resolver só um probleminha para voltar a jogar futebol de forma ainda mais habilidosa.

Não demonstrava ter nenhum tipo de preocupação. E, justo por ser informado que passaria a jogar bola ainda melhor quando resolvesse aquilo tudo, estava até mesmo animado. Empolgado. Sorridente. Sem medo.

Pensando bem, com a pouca idade que tinha, certamente não sabia direito de toda a complexidade da operação que iria realizar na cabeça. De toda forma, era melhor assim. Certamente sofria menos por não ter idade ainda de entender tudo o que estaria por vir. Tudo o que poderia acontecer.

Às quatro da tarde, o telefone tocou. Era a confirmação que faltava para a cirurgia. E a partir daí os últimos detalhes foram definidos.

Marcus, Yanna e Gabriel iriam na frente, chegando ao hospital por volta das seis da tarde. Precisavam organizar a papelada, desobstruir as burocracias finais, apresentar os documentos do plano de saúde, realizar a entrada do paciente no hospital.

Muito por isso, quando os três estavam prontos para deixar o apartamento dos avós de Gabriel em direção ao Hospital da Unimed, ainda estavam todos lá, reunidos em torno dele, passando as tais energias positivas para o garoto.

De tempos em tempos, contudo, alguém saía de perto, se afastava um pouco, fingia que ia pegar algo num outro vão do apartamento. Havia um acordo tácito de não se chorar na frente do menino, e isso era respeitado à risca. As muitas caminhadas para sabe-se lá onde, portanto, eram para disfarçar o choro quando ele se tornava iminente, incapaz de ser controlado ou barrado.

Muito por isso, o clima era aparentemente feliz. Uma felicidade falsa, é bem verdade, fabricada artificialmente para manter o moral de Gabriel em alta. Mas não importava. Fazia efeito. Mantinha o menino sereno, tranquilo, em paz.

Era a hora, enfim, de partir. Hora em que os abraços se multiplicavam. Hora também em que, inexplicavelmente, muitos tinham que andar de forma nervosamente apressada para outros vãos do apartamento. Era um frenesi, um acontecimento realmente raro e impactante.

De repente, o vovô Marcus, como Gabriel chamava o pai de seu pai, chegou perto dele de forma meiga. Esses momentos são curiosos. De todos naquela casa, era talvez o menos religioso. O mais cético. O mais indiferente às coisas de igreja. Mas, naquele momento, num ato inédito até então, ele chegou contemplativo perto de Gabriel, beijou o neto e lhe entregou uma pequena imagem de Santa Terezinha. Falou-lhe, voz mansa, trêmula:

— Guarde-a, meu neto, e você estará protegido.

Voltou a beijar sua face, numa última despedida antes da partida para o hospital. O neto, vestido com uma camisa laranja do Fluminense, obedeceu. Colocou a santinha na mão direita e a apertou com firmeza. Garantindo que ela ficaria com ele em segurança, sem riscos de queda ou de ser perdida por algum descuido.

Só depois dessa cena é que pais e filho deixaram o apartamento. Perderam-se de vista. Foram para o local onde aconteceria a tão temida, mas necessária, cirurgia.

Era um percurso bem curto, da casa dos pais de Marcus, no bairro de Tambauzinho, até o Hospital da Unimed. Chegaram sem atrasos. Realizaram todos os procedimentos necessários. Começaram a aguardar. E pouco a pouco os demais familiares (tanto os que estavam até há pouco com eles no apartamento como os que vieram de outros lugares) foram se somando numa espera tensa pelo momento em que Gabriel seria chamado para o bloco cirúrgico.

Era uma pequena multidão de avós, tios, primos, pais. Heloísa, a pediatra; Salete e Ana Cláudia, as tias médicas; as três acompanhariam a cirurgia. Heloísa e Salete, certamente, já tinham ideia do que estava por vir. Ana Cláudia, que conversara uma única vez com os sobrinhos, ainda por cima num telefonema de véspera, achava que estava ali para acompanhar uma cirurgia mais simples. Ela estava a algumas horas de um dos maiores choques na sua vida até aquele momento.

Por volta das sete da noite, surgiram alguns enfermeiros. Conversaram com os pais de Gabriel. Levaram o menino. Em cirurgias com crianças, os pais são autorizados a acompanhar o filho até dentro do bloco cirúrgico. A ideia é simples: manter a criança calma e tranquila durante todo o processo pré-operatório, sem se alarmar ou ficar nervosa demais ao se ver envolta de pessoas desconhecidas, sem ninguém que lhe seja familiar à vista.

Aquele caso, contudo, era peculiar. Yanna estava grávida. A barriga já grande. Não era aconselhável ela ir para dentro do bloco cirúrgico, de forma que naquele dia apenas o pai, Marcus, acompanhou o menino.

O caminho foi tranquilo. Gabriel já deitado. O pai apertando-lhe a mão. Olhar terno, sorridente, dizendo-lhe que em pouco tempo ele poderia voltar a jogar bola. Que os principais craques de futebol às vezes precisam passar por aquele tipo de situação para voltarem a jogar ainda melhor. Falava e caminhava. No ritmo dos passos dos enfermeiros que empurravam a maca.

Eis que, finalmente, chegaram ao interior do bloco cirúrgico. Definitivamente, não era o local mais prazeroso. Mais convidativo. Principalmente para uma criança.

Tratava-se de uma sala fria, ampla e branca, com muitos aparelhos, muitos sons assustadores, muita gente com roupa verde de médico e de enfermeiro. Muitos conversavam com ele, olhando-o por detrás daquelas máscaras engraçadas e assustadoras ao mesmo tempo, que apenas realçavam os olhos daquele pessoal.

Eram, em regra, palavras de cumprimento e de otimismo, de tranquilidade. Todos dóceis, sorridentes, simpáticos. Tentavam transformar o ambiente no mais convidativo possível. No menos hostil quanto estivesse ao alcance deles.

Um daqueles, em especial, chamou a atenção de Gabriel. Era o anestesista Walter Mendes, com uma imensa bagagem profissional de médico e de professor da Universidade Federal da Paraíba. Natural do Recife, casado com uma paraibana, e muito por isso radicado havia vários anos em terras pessoenses, ele era um dos mais habilidosos na arte de tranquilizar o menino.

Com formação no Hospital Materno-Infantil de Pernambuco e toda uma preparação voltada para a realização de cirurgias pediátricas, Walter contaria depois que existe uma série de meandros que precisam ser considerados em cirurgias com crianças. E que muitos dos cuidados têm que ser iniciados já naquele momento pré-operatório.

Segundo ele, existe todo um aspecto emocional que envolve pacientes infantis, de forma que é importante mantê-los calmos e serenos durante a fase de preparação, quando eles ainda estão acordados e conscientes.

— A criança é sempre muito verdadeira e não aceita imposições. Ela é quem escolhe o amigo que vai abraçar. É ela quem escolhe os vínculos que quer criar. Sempre de forma natural, espontânea e verdadeira — explicaria o anestesista, acrescentando que essas questões são potencializadas por causa do próprio ambiente hospitalar, sempre muito inóspito e cercado por expectativas e temores.

É muito por isso, por exemplo, que os pais acompanham a criança até o bloco cirúrgico. É também por isso que os médicos tentam de toda forma se conectar com a criança. Perspicaz, Walter percebeu rapidamente a paixão avassaladora que o menino possuía pelo futebol. E pelo Fluminense.

Foi assim que, mesmo sendo torcedor do Náutico, o anestesista começou a conversar animadamente sobre o Flu. O menino se empolgou. Se afeiçoou ao médico. Respondia risonhamente às perguntas que eram feitas sobre o Tricolor. Esquecia momentaneamente que estava numa sala de cirurgia.

Gabriel, enfim, foi posto na mesa de cirurgia. Era o ápice da tensão para o pai, que, a despeito de sentir o coração acelerar nervosamente, seguia segurando uma das mãos do filho, acalentando-o e acalmando-o. Na outra mão do menino, protegida de forma firme e resoluta, seguia a santinha dada horas antes pelo avô.

E eis que, de repente, justamente por causa da imagem de Santa Terezinha, houve um momento de desacordo. Uma das enfermeiras se aproximou. Pediu para pegar a imagem. Disse-lhe que ela não poderia permanecer ali. Deveria ser retirada do ambiente.

Gabriel titubeou. Vacilou. Arregalou os olhos. Deve ter lembrado do avô. Das palavras de que ele estaria protegido enquanto a segurasse. Não quis se desfazer da imagem diminuta que seguia em sua mão. Walter Mendes viu a cena. Percebeu o potencial negativo que aquilo poderia provocar. Resolveu intervir. E autorizou que a imagem permanecesse com o menino.

Católico, ele explicaria que o médico, por mais técnico que seja, também se envolve emocionalmente com o paciente, principalmente quando esse paciente é uma criança. Existe um lado humano, enfim. Que, para ele, não chega a atrapalhar. Ao contrário, dá mais amor a todo o processo. Logo, sua leitura foi a de que retirar a imagem da santinha, que confortava o menino mais do que atrapalhava qualquer procedimento, poderia provocar um estresse desnecessário. Uma agitação maléfica ao menino, possível de ser evitada apenas com um pouco de sensibilidade. Ou jogo de cintura, que fosse.

Estava decidido, pois. Santa Terezinha ficaria no local ao longo de toda a operação. Inicialmente na mão de Gabriel. Após a anestesia, a imagem seria colocada num móvel mais distante da sala, já que, de fato, não poderia ficar com ele durante a realização da cirurgia. Mas, ao término de todo o longo processo, e antes do despertar, Walter ainda a devolveria para a mão da criança. Para que ela acordasse da mesma forma como dormira. Com a mesma sensação de segurança que sentia naquele momento.

Até lá, contudo, ainda haveria um longo caminho pela frente. Cuidadoso, meticuloso, detalhista, extremamente delicado. Nas palavras do anestesista, a equipe médica se preparava para fazer uma intervenção no "santuário do corpo", o cérebro. E isso não era feito de qualquer jeito. Ao contrário, uma organização e uma calma quase obsessivas eram necessárias para a realização de uma neurocirurgia. E ela estava prestes a começar.

A primeira parte da cirurgia foi protagonizada quase exclusivamente pelo anestesista. Ainda fora do bloco, Gabriel já tinha tomado um medicamento por via oral, um pré-anestésico que tem efeito calmante e que tira a ansiedade. Mas que, a despeito disso, mantinha-lhe totalmente desperto.

Naquele momento, dentro do bloco, iniciava-se a segunda etapa. Foi colocada em Gabriel uma espécie de máscara e lhe foi pedido para assoprar uma bolinha que tinha dentro. Era o início da anestesia geral. Porque, da máscara, saía um tipo de gás, uma mistura agradável, que lembrava um perfume bom, prazeroso de se cheirar. O efeito era rápido, mas não imediato. Seriam precisos de cinco a dez minutos para finalmente o garoto entrar em sono profundo.

Foi só depois disso que Marcus deixou o bloco cirúrgico. Ele se curvou lentamente, beijou o filho uma última vez, cumprimentou com um aceno a equipe médica, abraçou de forma mais demorada as suas duas tias que acompanhariam a cirurgia e se retirou do local, reflexivo, preocupado.

E, naquele caminhar do bloco cirúrgico, onde deixara o filho, até se encontrar com o resto de seus familiares, chorou. Chorou demoradamente, pela primeira vez desde que tudo aquilo começara. Chorou quando finalmente viu que completara a primeira parte daquela missão. E quando, enfim, pôde parar e pensar um pouco em si mesmo. Em tudo o que vivera em três dias alucinantes. Chorou também porque lembrou que justo naquela hora o time de Gabriel estaria fazendo o seu jogo de estreia na Taça Paraíba de Futsal. Chorou porque, afinal, teria invariavelmente que chorar em algum momento daquela semana doída.

Marcus chorou, mas depois se recompôs. E foi se juntar, enfim, ao restante da família, numa espera longa, torturante e nervosa. A princípio, ficariam todos numa antessala que antecede a UTI Pediátrica do hospital. Mas aquele não era, definitivamente, o melhor lugar para tamanho alvoroço. Não tardariam a chamar a atenção da equipe de funcionários do hospital, que reclamou.

E, quando isso aconteceu, diante da incapacidade de permanecerem onde estavam, foram todos numa procissão nervosa, meio sem combinar, para a pequenina capela que existe dentro do próprio hospital, no terceiro andar. Eles ainda não sabiam disso, mas aquele espaço pequeno e acolhedor seria, com o tempo, quase como uma embaixada daquela família dentro do Hospital da Unimed. Uma espécie de quartel-general, de oásis em meio a tanta dor, tanto medo, tanta exaustão física e mental.

Aquela, contudo, era apenas a primeira noite. E seria uma primeira noite violenta, até. De espera e de angústia. Porque, a cada minuto que se passava, mais desesperador ficava o ambiente lá fora. A espera já começara, enfim.

Do lado de dentro do bloco cirúrgico, contudo, os movimentos eram todos pensados, calculados, lentos e metódicos.

Neurocirurgias como a de Gabriel são sempre bem demoradas, ainda que o tempo possa variar de um paciente para outro. Mas o processo, delicado como é, exige uma extenuante preparação. E toda ela é feita com intubação orotraqueal e com ventilação mecânica controlada.

Em outras palavras, o paciente é entubado, o anestesista para a sua respiração, e passa a controlá-la mecanicamente. Controla também, em paralelo, todos os seus aspectos de pressão arterial e frequência cardíaca. A primeira seria medida automaticamente a cada três minutos, enquanto a segunda seria acompanhada em tempo real.

Era uma observação sistemática que permitiria, a partir da dosagem de diferentes drogas, aumentar ou diminuir a pressão do paciente a depender da necessidade nos diferentes momentos da cirurgia.

Muito por isso, era fundamental um fácil acesso à veia de Gabriel. E foi justamente conseguir isso o primeiro passo dado, tão logo ele foi posto para dormir e Marcus saiu do bloco. Pegou-se a mão do menino e perfurou-a com uma agulha até encontrar a veia, prendendo-a e fixando-a depois disso. A partir dali, seria possível injetar outros medicamentos que finalizariam a etapa de sedação.

Só quando ele estava completamente sedado é que o entubaram. E, com o menino entubado, param-lhe a respiração, que passou a ser controlada por um equipamento específico.

São etapas pensadas sempre em sequência. Depois de o garoto ser entubado, iniciou-se o trabalho de limpeza e esterilização do chamado campo cirúrgico, que nada mais era do que a cabeça, a área onde seria feita a cirurgia. O primeiro passo foi raspar parcialmente a cabeça do menino, exatamente na parte onde seria realizado todo o trabalho. Depois, limpá-la de diferentes formas para garantir que nenhum fio solto ficasse no local.

Em seguida, veio o processo de posicionamento do paciente na mesa de cirurgia, onde precisava permanecer totalmente imóvel. Era uma etapa extremamente importante e cuidadosa, porque, se houvesse um movimento brusco de corpo quando a cabeça já estivesse imobilizada, isso poderia acarretar, inclusive, uma fratura no pescoço, o que poderia levar à morte ou a alguma paralisia definitiva.

A depender do local da incisão, o paciente pode ser colocado de barriga para cima ou de barriga para baixo, mas, como no caso de Gabriel o tumor estava localizado próximo à nuca, a segunda opção prevaleceu para ele.

Assim sendo, ele foi posicionado em decúbito frontal: barriga para baixo, cabeça levemente inclinada para que a fossa posterior do crânio ficasse virada na direção do cirurgião e, assim, facilitasse o seu trabalho. Era essa, portanto, a sua posição final. Aquela que deveria ser preservada durante toda a cirurgia, sem exceção.

E, para garantir essa total imobilidade, o bloco cirúrgico começava a ganhar ares de oficina. Todo o corpo de Gabriel foi fixado com esparadrapos, por exemplo, mas a atenção principal se voltava, naquele momento, à cabeça.

Primeiramente, uma prensa foi colocada firmemente em volta da cabeça do menino, e esta, por sua vez, afixada à mesa de cirurgia com a ajuda de uma série de parafusos e presilhas. Tudo muito justo, bem apertado, rijo. A partir daí, ficava simplesmente impossível mover, nem que fosse por poucos milímetros, o crânio da criança.

Apenas essa parte preparatória, de limpeza e imobilização do paciente, durou mais de trinta minutos. Do lado de fora, a tensão já era sufocante entre os familiares. Mas, dentro do bloco, os médicos nem mesmo tinham começado de fato a operar Gabriel.

No rigor dos fatos, pois, iam começar exatamente naquele momento a operação. Começariam também aquela que, para um leigo, era, definitivamente, a parte mais chocante e desesperadora de todo o processo. O momento em que, por sinal, entravam todo o protagonismo e a destreza do cirurgião Christian Diniz — que naquele momento era auxiliado pelo também neurocirurgião Maurus Marques de Holanda.

Não deve ser todo mundo que consegue testemunhar uma cena daquelas. Com uma habilidade fora do comum e com um rigor matemático, o cirurgião pegou o bisturi e iniciou, num ritmo extremamente lento, mas ininterrupto, uma longa incisão na nuca pelada do menino, fazendo um corte na pele ao longo de toda a extensão lateral da cabeça.

Essa é uma região muito vascularizada, que em regra sangra muito. E, para minimizar a intensidade do sangramento, pouco antes da realização do corte, o anestesista Walter Mendes aplicara drogas específicas pelo acesso de Gabriel que induzia a redução da pressão arterial do garoto. De uma média de nove por seis, pressão típica para crianças daquela idade, ela foi reduzida dolosamente para oito por cinco. Em alguns momentos, até um pouco menos do que isso.

Com menor pressão, menos sangue sai. Mas isso não quer dizer, de jeito nenhum, que a cabeça do menino não sangrasse. Pois sangrou. Muito. Ainda assim, menos do que sangraria se a pressão estivesse normal.

Enfim, terminado o grande corte da pele da cabeça de Gabriel, o cirurgião precisou cortar o que é chamado pela medicina de fáscia protetora, um fino tecido que protege o osso e que, naquela parte do corpo, fica entre a pele e o crânio.

Ambas, pele e fáscia, não são presas ao osso sob nenhum aspecto, apesar de circundá-lo. Então, ao serem cortadas em dado momento, foram puxadas da cabeça do menino pelo cirurgião.

É como se Christian estivesse retirando uma máscara da cabeça de Gabriel. Mas, em vez de ser uma máscara feita de pano, por exemplo, ela é a própria pele do menino, que é puxada até pouco depois da metade do crânio, de forma que toda a parte de trás da cabeça fica exposta, com apenas o osso à mostra.

Não é, contudo, um osso qualquer. É a caixa craniana. Grosso modo, uma espécie de baú duro e resistente, quase intransponível, feito para proteger o cérebro, que fica lá dentro e deve ser preservado da melhor forma possível.

O problema é que, para retirar o tumor, é preciso vencer esse obstáculo, criado pelo corpo humano justamente para jamais ser vencido. E aí, não tem outra. É puro trabalho braçal. Meticuloso. Tendo o cuidado de serrar o osso exatamente onde tem que ser serrado.

E a palavra é essa mesma. Serrar. Com a ajuda inclusive de uma serra circular. Especialmente projetada para uso médico, é bem verdade, mas que, ainda assim, se parece com qualquer outra vista no dia a dia de uma oficina.

Oficialmente, o equipamento é chamado de craniótomo, fabricado com o objetivo de permitir perfurações e cortes precisos do osso craniano. É uma serra circular elétrica de altíssima rotação, compacta, e que, no caso de cirurgias como a de Gabriel, é usada justamente para a retirada de parte do osso da cabeça, num processo chamado de craniotomia.

Inicialmente, Christian fez três perfurações no crânio, espaçadas uma da outra alguns bons centímetros, que podem ser pensadas como as pontas de um triângulo; depois, prendeu um pequeno gancho do equipamento numa das perfurações, de forma que a serra encostava na lateral do osso.

O corte começou a partir desse primeiro orifício e foi até o segundo. Do segundo cortou-se até o terceiro, e daí de volta ao primeiro. O osso foi, assim, serrado de forma contínua até se "desenhar" o tal triângulo na cabeça do menino. E, ao ser retirado, foi colocado num recipiente, preenchido por uma solução que o manteve limpo e esterilizado. Estava criada a chamada janela cirúrgica, que permaneceria aberta até o fim de todo o processo, quando o mesmo osso seria recolocado na cabeça do menino.

Mas há um problema nessa descrição. Narrado desse jeito, parece algo simples, fácil, rápido. Não é nada disso. Até porque, esqueça qualquer imagem que se possa existir de uma sala de cirurgia convencional: calma, silenciosa, serena.

Muito pelo contrário, imagine uma furadeira em sua potência máxima, naquela zoada alta, irritante, aguda, violenta. Que se torna quase histérica quando tenta vencer uma superfície mais dura, mais difícil de ser atravessada. Mas, em vez de uma parede, de uma mesa, de um pedaço de pedra, o que se fura e o que se corta é a cabeça de uma criança desacordada com um tumor no cérebro. É uma cena realmente chocante para quem não está acostumado com ela. E essa, sim, é uma descrição mais próxima da realidade.

Para se chegar ao cérebro propriamente dito, no entanto, um último obstáculo ainda precisaria ser vencido. Debaixo do osso ainda existe uma membrana, a dura-máter, que também precisava ser aberta.

Ao abri-la, contudo, um jorro de sangue repentino e mais intenso pôde ser visto. Uma cena de fato impressionante, mas que, de certa forma, já era esperada por Christian e por Walter. E o jorro de sangue se explicava porque a alta pressão intracraniana registrada em Gabriel, fruto do tumor, provocava um intenso efeito compressivo.

Uma comparação de Walter Mendes, para tentar ilustrar o que acontecera, pode parecer inusitada, mas é para lá de didática:

— Imagine uma pitomba sendo pressionada. O fruto lá dentro quer sair de todo jeito, mas a casca impede que isso aconteça. Quando ela se rompe, contudo, o fruto voa numa força impressionante. Pois é o que acontece num caso como o de Gabriel. O tumor estava pressionando tudo dentro de sua cabeça e impedindo a saída do líquor e do sangue pelas vias corretas. Então, quando conseguiu-se abrir a cabeça dele, muito do sangue represado lá dentro foi expulso.

Apesar do sangue, apesar da violência aparente do procedimento, apesar de tudo o mais que algum leigo possa pensar, a cirurgia transcorria na maior normalidade, dentro do previsto e conforme dita a literatura médica.

Era chegada a hora do anestesista mais uma vez entrar em ação. Finalizada toda a parte de abertura da cabeça, Walter Mendes então normalizou a pressão arterial de Gabriel de volta para os nove por seis de antes para fazer com que Christian tivesse uma sensação de pulsação cerebral semelhante à do paciente acordado, facilitando, assim, a próxima etapa da cirurgia.

Feito isso, começaria, a partir daquele ponto, a parte mais delicada de todo o processo: a retirada do tumor propriamente dito. Um processo que, antes de tudo, era cercado por importantes tecnologias. E por uma necessidade de destreza fora do comum por parte do cirurgião.

Isso porque cada nervo e cada vaso do cérebro é responsável por uma função diferente do corpo, e a maior parte deles não é regenerável. Cortar por engano um ou outro, portanto, atingi-los de alguma forma, pode provocar sequelas irremediáveis: na fala, no movimento, nas funções neurológicas etc.

É por isso que, antes mesmo do início da cirurgia, o exame de ressonância magnética feito em Gabriel no dia anterior, pela médica Alessandra Vanessa de Albuquerque, foi colocado num equipamento específico, uma espécie de computador ultramoderno, que recria no monitor uma imagem tridimensional do interior da cabeça de Gabriel.

Esse equipamento, para além disso, é ligado a um neuronavegador, algo semelhante a uma caneta que é usada pelo cirurgião para explorar a cabeça do menino. À medida que isso acontece, o equipamento realiza uma transposição de imagens: daquilo que ele escaneia em tempo real com a imagem da ressonância, permitindo, assim, que o cirurgião saiba exatamente onde está o tumor e perto de quais nervos ele se encontra.

Engana-se, contudo, quem imagina o tumor como algo compacto, como um bloco. Conforme ele cresce, vai se infiltrando e se enraizando em várias ramificações, o que dificulta enormemente o trabalho do cirurgião. E o tumor de Gabriel, uma vez aberta a cabeça, mostrou-se bem maior do que se supunha de início. Grosso modo, era do tamanho aproximado de um limão grande, com as muitas ramificações que isso acarretava.

A partir daí, com o apoio da videolaparoscopia, o trabalho era lento. Noite adentro. Um trabalho cansativo, minucioso, mas essencial. De identificar parte por parte o tumor, garantindo que nenhum nervo seria afetado, e cortá-lo, extirpá-lo, eliminá-lo. Retirando-o aos poucos, por pedaços, à medida que era possível avançar mais.

Apenas para a biópsia, por exemplo, foram separados 29 fragmentos de tecidos cancerígenos. Mas o total de pedaços retirados foi possivelmente maior.

Foram várias horas de trabalho ininterrupto. Praticamente todo o câncer foi retirado. Mas um pedacinho de menos de um centímetro estava próximo demais de uma série de nervos nobres. Retirá-lo era arriscado demais. Retirá-lo poderia significar prejudicar permanentemente uma série de habilidades cognitivas de Gabriel. Christian recuou.

Um pedaço de tumor deixado para trás, como aquele, por menor que fosse, não deixava de ser uma fonte de preocupação, ainda que não fosse necessariamente raro acontecer, justamente pelo cuidado médico de não afetar nenhuma parte importante do corpo humano.

Era, contudo, uma questão a ser pensada depois, após a biópsia e, principalmente, com o tempo, à medida que o quadro clínico de Gabriel fosse evoluindo. Até lá, pouco poderia ser feito quanto a isso. Mas, ao mesmo tempo, era justo esse período sem respostas que voltava a atormentar. Porque, na retirada do tumor, ele não parecia ser como se supunha. As suspeitas de que poderia se tratar de um dos tipos mais danosos — e malignos — cresciam cada vez mais. E isso era por demais preocupante.

Salete ficava cada vez mais aflita. Heloísa, cada vez mais emocionada. Ana Cláudia, cada vez mais arrasada. Christian, cada vez mais reflexivo. Mas, a despeito disso tudo, o trabalho tinha que continuar.

Porque, naquele momento específico, nada poderia ser feito a não ser dar prosseguimento ao já longuíssimo processo cirúrgico que estava em curso — muito mais longo do que o previsto inicialmente.

A fase seguinte, portanto, a penúltima de toda a cirurgia, era a revisão de hemostasia, que nada mais é do que analisar todos os locais do interior da cabeça que foram mexidos para ter certeza de que não havia nenhum sangramento. Era um cuidado adicional para evitar hemorragias futuras, que poderiam agravar desnecessariamente o já delicado quadro clínico de um paciente que passa por uma intervenção daquelas.

Nesse momento, inclusive, o anestesista aumentou a pressão arterial do paciente para onze por seis, justamente para estimular o fluxo sanguíneo e assim facilitar a identificação de eventuais pontos de sangramento.

— É uma simbiose perfeita entre anestesista e cirurgião — ponderaria Walter Mendes ao relembrar a cirurgia anos depois.

Havia interação. Havia confiança de todos da equipe no trabalho uns dos outros. Mas havia, principalmente, muita paciência. Porque já era madrugada quando a cirurgia entrou em sua fase derradeira: o fechamento da cabeça. Um processo, por sinal, igualmente delicado, cheio de detalhes, trabalhoso, que não demorava menos de quarenta minutos.

Faz-se, pois, todo o processo invertido da abertura. Fecha-se inicialmente a dura-máter. Observa-se se houve algum rasgo que provocou perda de material. Quando isso acontece, completam-se os espaços com uma dura-máter artificial, um produto caríssimo e do mais alto grau de modernidade. Em seguida, recoloca-se o tampo triangular de crânio que tinha sido retirado, o qual é preso ao restante da cabeça de forma milimetricamente perfeita, com a ajuda de três a seis pequenos parafusos especiais, igualmente caros, que são chamados de botões cranianos.

É um produto inerte e extremamente resistente, biodegradável, que vai se adaptar ao corpo humano e ficar ali para sempre. E que, importante registrar, se fixa lateralmente, até para evitar eventuais danos ao cérebro caso ele fosse fixado de cima para baixo.

A partir daí, recolocam-se no lugar a fáscia protetora e a pele, para só depois ser realizada a sutura, os pontos que vão regenerar a pele na parte onde ela foi cortada. Estava, enfim, finalizada a cirurgia.

No bloco cirúrgico, contudo, o trabalho continuava. Resolveram que ele passaria mais dois dias entubado, em coma induzido, para minimizar dores e eventuais indisposições, mas, antes de mexer no menino, era importante desparafusar a prensa que imobilizava sua cabeça, para evitar movimentos bruscos que pudessem afetar a sua coluna ou o seu pescoço. Mas, já naquele momento, as tias de Marcus começavam a se preparar para deixar a sala de cirurgia.

***

Gabriel entrou no bloco por volta das sete da noite. A expectativa de quem ficara do lado de fora era que todo o processo cirúrgico durasse não mais do que cinco horas. Mas a cirurgia demorou bem mais do que o esperado. E, quando o relógio bateu uma da manhã, ninguém mais conseguia segurar a aflição.

O grupo, composto por uma grande quantidade de parentes, passou a maior parte do tempo na capelinha localizada dentro do hospital. Alguns rezavam, outros conversavam sobre Gabriel e a cirurgia, outros, ainda, tentavam assuntos mais amenos, com o objetivo claro de mudar minimamente o foco das atenções.

A maioria, contudo, nada dizia. Entreolhava-se silenciosamente. Andava em círculos. Refletia de forma angustiante e sufocante.

De todos os integrantes das duas famílias, Tota, marido de Suelene, foi o único que não compareceu ao hospital naquela noite. Coube-lhe a missão — não menos penosa, por estar longe das notícias — de ficar em casa com os muitos netos e sobrinhos, a fim de evitar que a criançada testemunhasse toda aquela cena triste e demorada.

Os demais, sem exceção, viveram aquele calvário, que se tornava ainda mais pesado, ainda mais difícil de enfrentar, ainda mais sofrido conforme as horas se passavam sem uma resposta da equipe médica.

A espera parecia não ter mais fim. E o vovô Marcus era, àquela altura, o mais afetado com tamanha demora. Andava quase sem querer, quase sem controlar mais as pernas, tentando manter um pouco de sanidade em meio a uma vontade incontida de se entregar ao pranto. Sentia o peito pesado, as pernas trêmulas, o olhar às vezes turvo, às vezes parecendo querer mostrar que tudo aquilo não passava de uma ilusão medonha.

Era, na verdade, o início de um longo processo de desespero que lhe afetaria enormemente ao longo dos dois meses seguintes. É ele mesmo quem resume aquilo tudo:

— Foi como se a minha vida tivesse permanecido suspensa ao longo de todo esse tempo. Eu não fazia nada. Não conseguia pensar direito. Ficava só chorando e esperando alguma notícia de Kiko ou de Yanna — relembraria ele, ainda se emocionando ao falar daquela época.

Duas da manhã. Sétima hora de espera. Nada ainda. Muitos minutos depois, entretanto, Ana Cláudia aparecia de repente. Uma expressão destruída, de quase pânico, de pavor, a atormentava. Ela relembraria:

— Saí da sala de cirurgia certa de que o menino tinha um meduloblastoma, um câncer invasivo, progressivo e quase sem tratamento. "Perdi um neto", cheguei a pensar, enquanto caminhava.

E, em meio ao turbilhão de pensamentos e medos, o irmão dela, o Marcus avô de Gabriel, apontou-lhe um olhar que encontrou resposta. E, por pouquíssimos segundos, ambos se entreolharam à distância. Não precisava de mais nada. Não precisava de palavras. O irmão entendeu a irmã. Nem tudo saíra como imaginavam. Ele se virou, escondeu o rosto, caminhou um pouco e chorou convulsivamente.

Era uma cena que nos meses seguintes se tornaria extremamente frequente, é bem verdade. Mas, naquele momento, era inédita. Lourdes, sua esposa havia quase quarenta anos, diria anos depois que, justo naquela madrugada no Hospital da Unimed, na mais longa das noites, viu pela primeira vez na vida o seu marido chorar.

De toda forma, Ana Cláudia seguia atordoada. Balbuciou algumas palavras sobre a necessidade de ir embora, inventou uma desculpa e deixou o hospital sem falar absolutamente nada com ninguém.

Ela não teria forças para tanto. Afinal, fora chamada pelo sobrinho para acompanhar uma cirurgia que imaginara simples e vira uma complexa retirada de tumor maligno da cabeça de um menino que ela amava como uma avó.

Desapareceu meio de repente. E aquela passagem inesperada provocou um turbilhão em quem permanecia na espera. Ainda bem que, dessa vez, só foram necessários mais alguns poucos minutos. E um telefonema repentino chamava a família para a porta do bloco cirúrgico.

A cirurgia finalmente chegara ao fim. E o cirurgião queria conversar com os pais do menino. Deu-se início, então, à procissão rumo ao local de encontro, no segundo andar. Mas, no limite de porta que divide o resto do hospital e o corredor pré-bloco cirúrgico, apenas pai e mãe poderiam passar.

A avó Suelene, contudo, agarrou-se ao braço da filha e furou o bloqueio. Entraram os três. Em poucos segundos, estariam diante de um Christian Diniz sério e cansado. De uma Salete emocionalmente arrasada e extremamente abalada.

Ele mostrou alguns exames de imagem, explicou que o tumor era bem maior do que se esperava, com muito mais ramificações e mais profundidade do que as imagens faziam acreditar, e que, ao contrário do que imaginara, não fora possível retirar 100% do material cancerígeno. Ficara, afinal, um pedaço menor do que uma formiga, mas algo ficara ainda assim.

As palavras iam cortando os ouvidos de Marcus, de Yanna, de Suelene. Ato contínuo, bem no ápice de toda aquela dor, numa sintonia insuportavelmente perfeita, abriram a porta do bloco para a passagem da maca onde estava Gabriel. Sedado, ainda entubado, era levado para a UTI Pediátrica, que ficava conjugada àquele corredor.

Era tudo pesado demais. Forte demais. Destrutivo demais. A visão de Marcus ficou de repente escura. As pernas fraquejaram. O corpo já não parecia suficientemente forte para se manter em pé. Ele foi desfalecendo pouco a pouco. Parecia questão de tempo até se arrebentar no chão.

Por sorte, perceberam logo. Puxaram uma cadeira. Deixaram que ele se despojasse até se recuperar da repentina falta de força. Quase desmaiara, mas em poucos segundos estava novamente atento para tudo o que precisaria enfrentar.

Aparentemente, chegava ao fim a mais longa das noites. Mas Marcus ainda dormiria com Gabriel naquele primeiro dia, visto que na UTI Pediátrica, ao contrário das demais, era permitido um acompanhante ao lado de cada criança. Visto também que Yanna ficara proibida de dormir no hospital, mais uma vez como precaução à sua condição de grávida.

Todos, fora Marcus, iriam embora. Certos de que era só o começo de tudo. Certos também de que ninguém vive tudo aquilo sem tirar importantes lições sobre a vida. Para três personagens, no entanto, aquela noite ainda não estava nem perto do fim.

6
UNIDOS PELA ANGÚSTIA

Três pessoas diferentes. Três perspectivas distintas. Três formas específicas de sofrer, de se inquietar, de se desesperar. Enfim, três insônias provocadas por três motivos igualmente impactantes e registradas exatamente na mesma hora em três bairros pessoenses próximos um do outro.

Personagens, enfim, separados alguns quilômetros uns dos outros, mas vivendo a mesma noite. Vendo-a findar ainda acordados, percebendo paulatinamente o tempo passar. E, ao menos entre aqueles que estavam próximos de uma janela, observando o breu do céu ganhar contornos mais claros de azul, num óbvio presságio de que enfim amanhecia.

É claro que bem mais gente sofria seu próprio drama. Sua própria dor. Sua própria experiência diante daquele caso ainda incerto em torno de Gabriel.

Mas, afinal, três histórias paralelas conectavam-se de forma mais intensa uma à outra. Três histórias em particular que, naquele momento, sintetizavam toda a batalha que ainda estava por vir.

Motivos distintos, angústias idênticas. De Yanna, na casa dos sogros, proibida violenta e inesperadamente de estar junto de seu menino. De Marcus, pela primeira vez na vida passando uma noite numa UTI, traumatizado com tantos sons desesperadores que saíam de onde estava seu filho inerte. De Salete, a tia-avó, patologista que levara para casa o material tumoral a fim de analisá-lo o quanto antes.

Yanna, pois, deixou o hospital e foi levada para a casa dos sogros pelo irmão mais velho, Rousseau, perto das três da manhã. E de repente se percebera sozinha em seu quarto improvisado. Sentia uma dor terrível. Um vazio massacrante. Um buraco em seu estômago que só se justificava pela distância que estava de seu filho.

Decidira respeitar as ordens médicas de nunca dormir no hospital pelos riscos que isso poderia provocar no terceiro filho, que crescia em sua barriga, mas ao mesmo tempo era consumida por uma desolação praticamente insuportável.

Era um instinto maternal forte demais. Que lhe fazia a todo momento imaginar como estaria o seu Gabriel. Que lhe fazia ter certeza de que, afinal, o menino haveria de estar precisando de sua presença ao lado dele.

Será que estava bem? Será que estaria com frio naquela sala gélida de UTI? Sem dor? Confortável? Sereno? Era angustiante demais pensar em tantas perguntas sem respostas que não paravam de se acumular em sua cabeça.

— Foi, definitivamente, uma noite muito dolorosa em minha vida — relembraria Yanna.

Ela já vivia as primeiras horas do dia 25 de outubro de 2013, uma sexta-feira, disposta a ir bem cedo de volta para o hospital. Mas antes precisava vencer aquele fim de madrugada absurdamente violento.

Yanna, de repente, se vira decidida a fazer algo para mudar aquele quadro. Para se acalmar. Para melhorar o seu próprio estado físico e mental.

Ajoelhou-se defronte a sua cama. Começou a rezar de forma silenciosa, mas de um jeito extremamente devoto. Começou a entregar o seu filho a Deus. De forma sincera e emocionada.

Não tardou. E lentamente começou a sentir a respiração ficar mais cadenciada, mais tranquila, mais leve. Pouco a pouco, sentiu a angústia ir lhe abandonando. E, no lugar dela, foi tomada por uma paz reconfortante.

Estava exausta, não havia dúvidas. Mas se permitiu rezar um tanto mais. Fazia-lhe bem aquele momento. E começou a sentir algo bom vindo sabe-se lá de onde.

A oração começou a se confundir com pensamentos díspares, mas agradáveis. E, inesperadamente, enxergou a si mesma ao lado do marido no dia em que ambos estiveram na Comunidade Maná, antes mesmo de se casarem, antes mesmo de terem filhos, antes mesmo de tudo o que viveriam um ao lado do outro. Lembrou das palavras do diácono, ditas justo naquele dia, quando ela pediu silenciosamente para ser mãe. O mesmo dia em que recebera a confirmação de que veria em breve o seu sonho ser concebido por Deus.

Sentiu um conforto surpreendente naquele momento. Pensou: "Do jeito que Deus me deu, não vai me tirar". Usou isso como lema, como verdade, como regra, como mantra. E nunca mais fraquejaria em todo aquele processo. Conseguiu, enfim, relaxar. Deitou-se. Dormiu profundamente, exausta, tranquila, já quase na hora dos primeiros raiares de sol.

Quase na mesma hora de toda aquela cena, enquanto Yanna pouco a pouco tentava se acalmar, Kiko, lá no Hospital da Unimed, vivia o seu próprio drama. Ele adentrara havia pouco na UTI Pediátrica para ficar junto do filho, mas se incomodava enormemente com todos os sons, todos os apitos, todos os sinais luminosos e todos os dados que saltavam dos monitores.

Era uma incontável quantidade de fios e de equipamentos ligados ao menino, medindo em tempo real todos os parâmetros do paciente: frequência cardíaca, nível de respiração, pressão arterial, entre muitos outros.

A UTI, a propósito, consistia numa sala quadrada. A porta de entrada estava localizada no meio de uma das paredes. Do lado esquerdo de quem entrava, ocupando toda a extensão daquele lado, divididos em partes iguais, estavam localizados os leitos dois, três e quatro. Do lado direito, encostado na quina mais próxima da porta de entrada, estava o leito um. Já na quina oposta estava o leito cinco, o único que ficava isolado dos demais. Entre um e outro, uma pequena bancada com pia para asseio da equipe médica.

Por ter sido submetido a uma cirurgia intracraniana, Gabriel foi colocado naquele único leito que ficava no isolamento, completamente vedado e separado dos demais. O menino, portanto, estava numa espécie de cápsula. Um leito no canto direito daquele ambiente, no lado oposto da porta de acesso da Unidade de Terapia

Intensiva, de forma que duas paredes de vidro em forma de "L" o separavam de todos os outros.

Havia, na parte interna da UTI, próxima à pia, uma porta de acesso específica para aquele leito, que permanecia sempre fechada, a não ser, obviamente, no momento em que alguém precisava entrar ou sair.

A tal cápsula era pequena. A cama onde Gabriel permanecia imóvel e desacordado ficava bem centralizada, encostada naquele maquinário barulhento que, por sua vez, tocava a parede final da UTI. Próximo aos equipamentos, havia uma espécie de prateleira pequena onde fora colocada a diminuta imagem de Santa Terezinha que, ainda na tarde anterior, tinha sido dada a Gabriel por seu avô paterno.

Ao lado da cama, uma típica escadinha de hospital em ferro com apenas dois degraus, comumente utilizada para permitir que o paciente suba e desça da cama em momentos em que já está consciente. Havia também uma televisão pequena, daquelas fixadas na parede. E, apertada num cantinho, numa posição que permitia ao acompanhante ficar olhando a maca, a criança e os equipamentos, uma poltrona. Confortável, até certo ponto. Mas impossível de ser reclinada.

Dormir, só mesmo se fosse sentado. Mas Kiko, naquela noite, não conseguiria mais do que dar breves cochilos esporádicos. E o motivo era simples. O pai de Gabriel nunca antes tivera nenhum tipo de problema médico na família, nunca precisara dormir num hospital e muito menos tivera que pernoitar numa UTI.

Era tudo absolutamente novo para ele, que, assustado, demorou bastante para se acostumar com sons, luzes, com as movimentações esporádicas de médicos e enfermeiros no meio da noite.

A experiência daquela noite e o acúmulo de sustos e de aflições que viriam em muitas noites seguintes ao longo dos dois próximos meses deixariam marcas definitivas naquele pai, que viveria até muitos anos depois tendo pesadelos regulares com os apitos de UTI.

Mas, a rigor, era uma primeira noite de adaptações. Que, apesar de ter sido vivida quase completamente em claro, foi vencida sem sustos ou intercorrências graves.

Por incrível que pareça, pânico mesmo, naquele fim de noite, quem viveria era Salete. Tão logo saíra da sala de cirurgia, depois daquela conversa dificílima em que o sobrinho quase desmaiara diante de si, seguiu seu rumo para ganhar os corredores do hospital.

Andava preocupada, pensamento distante, ainda na cirurgia que acabara havia pouquíssimo tempo. Sua condição de patologista, de especialista na área, fazia-lhe adotar uma expressão mais pesarosa e sofrida. E naquele momento fixava-se justo na tal da impressão diagnóstica, que era aquela espécie de palpite sobre o tipo de câncer de um paciente. Baseada apenas no olhar, sem precisão científica, mas de certa forma apoiada pela vasta experiência da médica. E, pela impressão diagnóstica inicial, os prognósticos eram os piores possíveis.

Pois foi em meio a devaneios e reflexões, entre aflições e preocupações, que Salete, sem perceber, se viu diante dos avós paternos de Gabriel. Lourdes tinha uma expressão grave. Mas o olhar perdido e atônito do Marcus mais velho era o que mais lhe impressionava.

Foi ele quem quebrou o silêncio. E falou num tom de súplica, de choro desesperado, aparentando mais um menino que implorava por algo:

— Meu neto vai se curar, não vai? Ele vai se curar, não vai?

Salete foi pega totalmente de surpresa. Ela gaguejou algo de início. Sem saber bem o que responder. Não queria desiludir ninguém. Mas ao mesmo tempo não poderia passar esperanças que talvez não existissem. Respondeu, enfim:

— Ele vai se curar. Se Deus quiser, ele vai se curar.

Mas, em entrevista no dia 11 de maio de 2018, recordando daquele instante específico, ela admitiria:

— Eu respondi aquilo apenas para tranquilizar minimamente o coração de um avô que estava extremamente perturbado. Mas de jeito nenhum era uma resposta segura.

Para além disso, Salete carregava consigo uma carga pesada demais, valiosa demais, importante demais. Carregava consigo o material tumoral. Os 29 fragmentos de tecido cancerígeno retirados do cérebro de Gabriel que seriam utilizados na biópsia.

Era uma missão e tanto. E ela, mesmo com mais de três décadas de experiência como patologista, como professora que tinha doutorado em Lyon, na França, e como médica-diretora de um importante laboratório de patologia celular da Paraíba, sentia enormemente a responsabilidade de conduzir aquele material.

— Carreguei aquilo como se estivesse levando algo sagrado comigo. Aquilo ali representava um diagnóstico que iria definir a vida daquele menino — pontuaria ela em 2018, destacando também a "alta carga de estresse" que sentia naquele momento.

Na saída do hospital, inclusive, Marcus e Lourdes fizeram questão de deixá-la em sua casa, no bairro de Pedro Gondim, e no carro o clima de desespero persistia.

O avô de Gabriel permanecia desolado. Seguia implorando por boas notícias. Pedindo a opinião da amiga e concunhada e atestando veementemente que acreditaria em tudo o que ela dissesse.

Salete não suportou. Chorou demoradamente ao longo do caminho de volta para casa. E foi tomada por um sentimento de pena por todo o sofrimento que aquela família estava enfrentando e que muito provavelmente ainda iria enfrentar.

— Eu fiquei muito tocada. Muito sensibilizada. Se você se compadece com um estranho, imagine diante de uma família pela qual você tem tanto afeto?

De toda forma, evitou novos prognósticos, novas previsões ou possibilidades. Limitou-se a discorrer sobre a complexidade da medicina, sobre como uma mesma doença pode se comportar completamente diferente em diferentes pessoas, e sobre a necessidade de esperar com serenidade os próximos dias.

Chegou. Despediu-se dos dois. Entrou. Estava esgotada. Levara o material de biópsia para casa mesmo. Era muito tarde e seria simplesmente impossível deixá-lo já naquele momento no laboratório.

Ao entrar em sua casa, quase já não existia mais noite. Olhou atentamente para um pequeno altar que mantinha em sua sala de estar. Colocou os frascos — que carregava com tanto cuidado — próximo a uma imagem de Nossa Senhora. Fez uma rápida oração. Benzeu-se. Foi para o quarto.

Estava terminado para ela um dos dias mais difíceis de sua vida, iniciado quase 24 horas antes, quando começara aquela briga hercúlea para conseguir a autorização para a cirurgia que de fato fora realizada e cujas imagens tanto lhe atormentavam naquele momento.

7
OS PRIMEIROS DIAS DE HOSPITAL

Amanheceu. E, dentre aqueles que conseguiram dormir, parecia mesmo que tinham apenas piscado os olhos. Fecharam, abriram, e já estava claro de repente.

Todos acordados. Em pé. Renovados. E, a despeito de tudo o que fora vivido na véspera, aquela manhã de sexta-feira começaria bonita e agradável. Tranquila e feliz.

Na verdade, existiam dois tipos de pessoas que acompanhavam aquele reinício de vida. Os médicos, conscientes de tudo em que poderia se transformar o caso; e os leigos, vivendo intensamente cada momento sem nem ter ideia de que, a depender do resultado da biópsia, estaria tudo praticamente perdido.

Entre aqueles que não sabiam dos detalhes técnicos do caso, o dia começara com um sentimento de esperança bonito de se ver.

Yanna, como não poderia ser diferente, foi uma das primeiras a chegar de volta ao hospital. Sim, ela estava terminantemente proibida de dormir lá. Mas, definitivamente, não existia nada que lhe impedisse de chegar bem cedo de manhã ao local.

Quem a visse no caminho de casa para o hospital e não soubesse que ela estava com um filho em coma induzido, nem suspeitaria que algo tão grave estava acontecendo. Ela estava completamente disposta, animada, ansiosa por reencontrar o seu menino. Entrou no hospital, subiu direto para o segundo andar e encontrou a porta de acesso para a UTI.

A partir de então, substituiria o marido no posto de acompanhante. E na hora efetiva da mudança, claro, trocaram algumas palavras. Conversaram rapidamente, discutiram questões pontuais, falaram sobre a noite de cada um. Marcus saiu, Yanna entrou. Ela estava, enfim, onde se sentia melhor, mais confiante, mais proativa: bem ao lado de Gabriel.

Ficou longamente observando o filho, ainda em coma induzido. E, de repente, começou a conversar com o menino desacordado. Falava com aquele típico dengo de mãe, dialogando com a criança e tentando explicar tudo o que se passava a sua volta. Era um comportamento curioso, mas que em pouco tempo viraria uma de suas marcas registradas. E que, mais para a frente, quando o caso de Gabriel chegasse a níveis desesperadoramente graves, seria motivo de surpresa, admiração e certo desdém das pessoas que circulavam naquele ambiente.

Naquela manhã de sexta-feira, no entanto, não havia motivo para incômodos. A vida, afinal, voltava aos poucos a valer a pena para aquela mãe teimosa e devota ao mesmo tempo.

E, se o dia começara animado, ficou ainda mais festivo quando Gabriel começou a desobedecer as previsões médicas e passou a se mexer e a se agitar no leito de UTI. Ele ainda dormia, obviamente, mas era evidente que apenas por força dos remédios.

A previsão inicial era de que apenas no fim do sábado o estado de coma induzido começaria a ser reduzido, mas já no final da manhã de sexta-feira ele demonstrava uma incrível vontade de acordar.

Era, sem dúvida, uma excelente notícia. Animava enormemente Yanna, que rapidamente mandou as boas novas para os demais a partir de mensagens de WhatsApp. Até para evitar algazarra num ambiente sempre muito pesado como uma UTI, era proibido conversar por telefone celular, então as mensagens de texto eram a mais eficiente forma de diálogo com o mundo exterior.

Yanna ficaria o dia inteiro ao lado do filho, onde visitas eram proibidas. E, nesse primeiro dia, ela basicamente só conversou com Christian Diniz, o cirurgião, e com Heloísa Amorim, a pediatra. Os dois foram mais de uma vez visitá-los e se mostraram bem animados com a rápida recuperação do menino.

Fora da UTI, não havia muito o que se podia fazer. Mas, ainda assim, os familiares iam para o hospital. Para fazer nada, que fosse.

Ao mesmo tempo, para se mostrar presentes, dar apoio uns aos outros, rezar juntos, trocar energias positivas com quem quer que estivesse lá no momento.

Muito por isso, elegeram a capela do Hospital da Unimed como ponto de encontro. E era numa sala de estar na frente dela que aconteciam todas as trocas de afeto e todos os diálogos entre aqueles que não tinham acesso a Gabriel. Era uma forma, inclusive, de o tempo passar mais rápido.

Aquele primeiro dia transcorria sem sustos. Marcus foi em casa, deu uma dormida rápida para recuperar-se da noite praticamente em claro, passou no trabalho para resolver questões específicas que precisavam ser resolvidas, almoçou cedo e voltou para o hospital com o almoço da esposa.

Depois, juntou-se aos demais na capelinha do terceiro andar. Ficaria ali o resto daquele dia, quando, bem mais tarde, voltaria para a UTI para mais uma vez pernoitar com o filho.

À tardinha, testemunharia uma cena marcante. Que lhe faria pouco sentido na hora, e que ele só entenderia quando finalmente soubesse de todos os medos que cercavam a equipe médica com relação ao tipo de tumor que Gabriel tinha.

Ana Cláudia, a tia e cardiologista, voltara para o hospital. Era a sua primeira aparição desde que saíra do local na madrugada, sem falar com ninguém e com aquela expressão no rosto de puro pavor.

Estava mais calma. Cumprimentou os presentes. Começou a conversar timidamente com um e com outro. Encontrou o sobrinho mais animado. Na cabeça dele, já refeito do dia anterior, tudo corria bem. Era só questão de tempo o filho acordar, se recuperar e receber alta.

Muito por isso, ele não entendeu direito quando a tia, perguntada por alguém sobre Gabriel, adotou uma expressão séria e falou:

— Vamos esperar o resultado da biópsia. Porque agora o que nos resta é rezar.

Marcus teve um pequeno susto ao escutar aquelas palavras. Não conseguia compreendê-las. Mas nem teve tempo para refletir ou para perguntar à tia o que, afinal, ainda poderia dar errado.

Numa dessas coincidências curiosas, as palavras de Ana Cláudia foram ditas no exato momento em que o padre Glênio Guimarães entrava na sala. Ele era o capelão do Hospital da Unimed e se aproximara daquele grupo porque percebera expressões preocupadas e sérias na maioria das pessoas.

Queria oferecer ajuda espiritual. E, justo quando estava bem perto, quando já era possível escutar o que se conversava, ouviu aquela frase. Era exatamente a deixa que precisava para iniciar contato com aquele pessoal:

— Só nos resta rezar, não! Rezar é nossa maior arma. Rezar sempre. Não só nos momentos de dificuldades, mas também nos momentos de normalidade e de felicidade. Rezar para sentir a presença de Deus ao nosso lado — falou de repente.

Glênio, na verdade, já conhecia os pais de Marcus, e conhecia também Kalina e Cordeiro, tios de Yanna. Mas nunca antes vira Marcus, de forma que foi por acaso aquele encontro. E só depois ele saberia que o pai da criança que estava em coma era de uma família que ele já conhecia parcialmente.

Ainda assim, mesmo sem saber daquela coincidência, ele foi extremamente afetuoso. Conversou mais um pouco e convidou a todos para entrar na capela, alegando que gostaria de fazer uma oração.

— A oração é a força maior que cada um pode ter. Você se conecta com Deus. Sente a força de Deus. Sente paz em meio a tanto sofrimento. A oração é uma conversa diária que se deve ter com Deus. Um bate-papo mesmo. Que não precisa de intermediário — explicaria Glênio anos depois.

Aquele padre era diferente da maioria. Tinha um estilo alternativo. Era surfista, havia se formado em Odontologia antes de se decidir pelo sacerdócio, dedicava boa parte de seu tempo para dar assistência a pessoas pobres que moravam nas ruas de João Pessoa. Muito por isso tinha uma linguagem mais direta, sem tantos rodeios ou formalidades. Conversava de forma franca sobre fé, sobre Deus, sobre vida e morte.

Com o tempo, ele começaria uma amizade realmente forte e verdadeira com Marcus e Yanna. Os três se dariam muito bem, nutririam uma relação de confiança, passariam a frequentar as casas uns dos outros. E, certamente, o primeiro passo na direção dessa afetuosidade mútua partiu do padre ainda naquela sexta-feira.

Após a oração que fizera, Glênio se aproximou de Marcus. Cumprimentou-o cordialmente. Retirou do bolso um bonito terço de madeira e lhe deu de presente. Marcus sorriu. Agradeceu. Guardou consigo o presente.

Anoitecia. O lado de fora continuava movimentado. E, dentro da UTI, Gabriel seguia cada vez mais agitado. Demonstrando ainda mais vontade de despertar. Não houve negociação. A decisão inevitável foi antecipar em um dia a suspensão dos medicamentos que o induziam ao coma. Não demoraria, e o menino estaria acordado de novo.

Perto da meia-noite, fizeram a troca de plantão. A ordem médica seria cumprida à risca e era chegada a hora de Yanna ir para casa dormir e, assim, não pernoitar no hospital. Marcus voltava ao mesmo posto da noite anterior. Para mais uma noite que se mostraria sem intercorrências.

Passavam-se as horas. Os sons da UTI, ainda que em menor intensidade, continuavam a incomodar o pai de Gabriel. E, por isso, ele não conseguia dormir. Ao mesmo tempo, as horas corriam sem problemas que merecessem registro, o que tornava aquela segunda noite extremamente monótona.

Em meio a pensamentos, Marcus lembrou do presente do padre, dado mais cedo, que ele guardara em seu bolso e permanecera lá desde então. Pegou o terço. Fitou-o com curiosidade. Fazia muitos anos que não rezava o terço. Nem mesmo lembrava como se fazia aquilo. Mas, de repente, teve uma forte vontade de rezar.

Apelou para a internet. Sacou o celular, entrou numa página de buscas e encontrou sem dificuldades as instruções e explicações sobre o terço. Começou a rezar silenciosamente. Naquele primeiro dia, com a ajuda do celular. Mas aquele viraria um ritual diário. E, com o tempo, conseguiria fazer toda a oração sem precisar de ajuda.

Fazia-lhe um bem danado. Levava-lhe tranquilidade. Força. Energia. E, não menos importante para quem estava há tanto tempo naquele ambiente, fazia com que o tempo passasse mais rápido.

Veio o final de semana. A rotina continuava a mesma. Yanna passava o dia com o menino, Marcus ficava à noite. O pai dele, avô do garoto, ainda não estava recuperado. Preferia não ir ao hospital enquanto Gabriel estivesse na UTI. Ficava na retaguarda, cuidando de Rafael.

A vida no hospital seguia seu rumo. Ainda no final de semana, tiraram o tubo de Gabriel, que acordou pouco depois. Era o primeiro grande motivo para comemorações dos pais dele.

Mais alguns dias e eles sairiam da UTI para o quarto. E, de lá, com mais algum tempo, iriam para casa. Eles eram puro otimismo. E mal podiam esperar para tudo isso acontecer.

Sem saber que um ou outro tipo de câncer poderia colocar tudo a perder, pai e mãe não tinham nenhuma fonte de preocupação. Não que os médicos tivessem escondido essa informação deles. Nada disso. É que eles não entendiam direito os termos mais técnicos, ou não queriam entender, ou, inconscientemente, sabiam que era melhor não entender.

Apegavam-se apenas às boas notícias e olhavam sempre para a frente. Ansiosos por novidades e maravilhados com a rápida recuperação que o filho vinha apresentando, dia após dia, desde a cirurgia. As expectativas eram as melhores possíveis quando a terça-feira chegou.

8
UMA NOVA CERTIDÃO DE NASCIMENTO

Desde que Salete fora deixada em casa naquela madrugada de sexta-feira, depois da cirurgia de Gabriel, ela não era mais vista no hospital. Não tinha feito nenhuma visita, não dera notícias e, de certa forma, ninguém sabia por onde andava.

Foram quase cinco dias de desaparecimento, pois só voltaria a ser vista na tarde de terça-feira. Mas, longe de qualquer descaso ou falta de atenção com os sobrinhos, ela não aparecera, na verdade, porque iniciara quase imediatamente um árduo e incansável trabalho para, enfim, descobrir qual era o tipo de tumor que o menino tinha.

Uma biópsia normal, quando é solicitada a um laboratório, respeitando-se os prazos obrigatórios e, mais do que isso, o horário de trabalho dos profissionais envolvidos, demora em média dez dias para ficar pronta. Salete, contudo, estava decidida a realizar pessoalmente todo o processo e diminuir esse tempo ao menos pela metade. No fim das contas, conseguiria cumprir à risca o que almejara, e teria a resposta que buscava no quinto dia de trabalho incessante.

Quando saiu do hospital, ao término da cirurgia, ela já levou os fragmentos de tecido tumoral mergulhados em uma substância líquida chamada formalina, que tem o objetivo principal de preservar e tornar mais firme esse tecido, já que, quando ele é extirpado ainda fresco, possui uma consistência amolecida.

O tecido deveria ficar imerso nesse líquido por algumas horas. Portanto, quando ela deixou os frascos no pequeno altar de sua sala de estar e se retirou para dormir, esse essencial primeiro passo do chamado diagnóstico anatomopatológico já estava em curso.

Na manhã de sexta-feira, ela acordou bem cedo, tomou café da manhã, pegou os frascos, que se mantinham onde ela havia deixado, e foi direto para o seu laboratório, localizado no bairro da Torre — relativamente perto, inclusive, do Hospital da Unimed.

Para continuar o processo de preparação do material de biópsia, que antecede o diagnóstico, ainda era necessário cumprir uma série de etapas técnicas. Ela definitivamente não tinha tempo a perder.

Após o período de imersão em formalina, os muitos fragmentos de tecido foram mergulhados em uma série de outras substâncias químicas para, em seguida, serem emblocados numa parafina histológica produzida especialmente para esse fim.

Era um trabalho lento e cuidadoso, quase artesanal, que era realizado por Salete e sua equipe técnica. Essa etapa do trabalho, inclusive, resultou em vários "tijolinhos", pequenos blocos de parafina, cada um preservando em seu interior fragmentos de tecido tumoral.

Na etapa seguinte, todos os blocos foram submetidos a um equipamento chamado micrótomo, capaz de realizar de forma seriada fatias micrométricas do tecido biológico neles incluído, numa espessura variável de três a cinco mícrons — medida equivalente à milésima parte do milímetro.

Essas fatias, então, foram colocadas em lâminas de vidro; e depois submetidas a um novo procedimento histoquímico em que são utilizadas várias substâncias com o objetivo final de corar o tecido biológico.

A explicação é simples. O tecido é muito delicado e monocromático, o que tornaria difícil a identificação de sua diversidade celular. Ao corá-lo, as células, fibras e vasos sanguíneos são realçados, o que possibilita a análise.

Só depois de coradas, portanto, é que cada uma dessas fatias foi recoberta por uma lamínula, uma versão muito mais fina das lâminas de vidro que serviam de base. Ela serve para proteger o material, torná-lo mais nítido para a observação microscópica e permitir que ele finalmente seja analisado por um médico patologista.

Descrito dessa forma, pode parecer que se trata de um trabalho relativamente rápido, ainda que trabalhoso. Que nada. Cada etapa é feita meticulosamente e é preciso dedicar várias horas a cada um desses momentos.

Foram quatro dias de trabalho intenso, que adentrou pelo final de semana e foi até a segunda-feira. Quando tudo terminou, Salete já estava esgotada. A parte principal, a observação das lesões, seria realizada na manhã de terça-feira. Era uma etapa fundamental a ser cumprida logo nas primeiras horas do dia.

Pois, na terça-feira, ela chegou mais uma vez cedo ao laboratório para aquele que seria o último passo antes do diagnóstico final. Nem toda a sua experiência como patologista era suficiente para lhe deixar indiferente.

A tensão era visível. No momento em que ela colocasse as lâminas no microscópio e começasse a observá-las, em pouco tempo teria a resposta definitiva sobre, afinal, qual tumor era aquele que fora retirado da cabeça de Gabriel.

Tensão, contudo, era tudo o que ela não poderia ter no momento decisivo. Salete, então, organizou calmamente as várias lâminas, colocou-as em cima de sua mesa de trabalho, sentou-se confortavelmente na cadeira defronte ao microscópio, posicionou a primeira no lugar certo e começou a observá-la.

De certa forma, a vida futura de Gabriel estava sendo definida naquele instante. Todas as evidências levavam a crer que o tumor de Gabriel era o mais maligno, o mais severo, o mais destrutivo possível.

Mas, naquele momento solitário de Salete com as lâminas do exame, algo estava bem diferente do que se supunha. As imagens microscópicas indicavam outro cenário, consideravelmente mais brando:

— Quando eu me sentei diante de minha mesa com aquela quantidade de lâminas de Gabriel para examinar e coloquei o olho no microscópio, eu exclamei: "Glória a ti, Senhor!".

Salete nem conseguia acreditar. Todas as previsões estavam erradas. Todos os medos tinham sido em vão. Gabriel, no fim das contas, tinha aquele que, segundo a Organização Mundial de Saúde, era o mais brando dos tumores encefálicos malignos, o astrocitoma pilocítico de grau 1.

Era uma visão maravilhosa, uma descoberta incrível, uma resposta santa para todo aquele problema. Ela sorria e chorava ao mesmo tempo, igualmente feliz e emocionada. Cansada também, depois de tanto trabalho até chegar àquele instante.

Mas ela não tinha muito tempo para curtir o momento, para relaxar a tensão. Salete queria partilhar a informação, torná-la pública, contar aos sobrinhos o que até então só ela sabia.

Finalizou o estudo do caso e depois começou ali mesmo a produzir o laudo da biópsia. Uma parte técnica extremamente demorada e detalhada, mas que, ao menos, ela já conseguia realizar totalmente aliviada.

Quando terminou todo o trabalho, já era de tarde. Ela fez questão de levar o envelope com o resultado da biópsia pessoalmente para o hospital. E eis que, em poucos minutos, estava enfim de volta ao Hospital da Unimed pela primeira vez desde que saíra nas primeiras horas da sexta-feira.

Foi direto para a UTI e teve a sorte de chegar num dos raros momentos em que Marcus e Yanna estavam juntos ao lado de Gabriel.

Isso porque, diariamente, Marcus levava o almoço de Yanna e ficava ao lado de Gabriel enquanto ela ia se alimentar em algum local fora da UTI. Nessas trocas de plantão, eles sempre conseguiam passar alguns minutos juntos, naqueles que eram praticamente os únicos momentos em que podiam conversar e matar a saudade um do outro.

Pois foi justo numa dessas trocas de plantão, quando os dois estavam ao lado da cama de Gabriel, que Salete chegou. Por ser médica, tinha acesso livre ao local, e em pouco tempo se juntava aos três.

Foi uma cena comovente. Salete estava visivelmente emocionada. Chegou perto dos sobrinhos, olhou-os com atenção e entregou a eles o resultado da biópsia. Enquanto entregava, dizia com voz trêmula:

— Se milagre existe, este é um. Tomem, meus filhos, estou lhes entregando a segunda certidão de nascimento de Gabriel.

Só naquele momento Marcus e Yanna teriam a exata dimensão dos riscos e de tudo o que ainda estava em jogo, e ali comemorariam intensamente a notícia dada de forma tão solene pela tia de ambos.

Yanna sentia o corpo se arrepiar com a notícia. E, meio sem reação, dizia repetidamente:

— Glória a Deus, tia Salete. Glória a Deus, tia Salete.

E a tia, numa mistura de felicidade, emoção, carinho por aqueles dois e pela criança deitada no leito de UTI, falou de forma doce, mas firme:

— Agora, sim, eu acho que ele vai se curar.

Tempos depois, chegaria Christian Diniz para a sua visita diária ao menino. E com mais um pouco era informado das boas novas. Ele quase não acreditava. Feliz e impressionado. Lembrando do que pensara no dia da cirurgia e extasiado com a informação que recebia, declarou, num misto de exclamação e questionamento:

— É isso mesmo?!

Era. E, do ponto de vista médico, não poderia haver resultado mais animador para o caso de Gabriel.

Naquele mesmo dia, inclusive, Salete voltaria para o seu laboratório. Estava totalmente segura do seu diagnóstico. Certa de que observara corretamente o tecido e chegara à conclusão definitiva para o caso. Ainda assim, por um capricho profissional, decidiu repetir o exame, desta vez realizando o chamado diagnóstico imuno-histoquímico.

Era uma nova técnica que utilizava diferentes anticorpos tumorais em diferentes lâminas para acompanhar como o tumor reagiria e, assim, chegar à natureza genética da célula cancerígena.

Seriam necessários mais cinco dias para um novo resultado, mas dessa vez não havia tensão. Nem pressão. Salete, na verdade, nunca duvidou de seu primeiro diagnóstico. E, se fazia uma contraprova, era apenas pelo excesso de zelo que ela destinava àquele caso específico, que envolvia pessoas tão próximas a ela.

No fim, nenhuma surpresa:

— Usei um painel de anticorpos, e todo esse painel utilizado reagiu de forma a confirmar o meu diagnóstico — falaria depois em entrevista, relembrando aqueles dias de 2013 e chegando a adotar o mesmo tom de voz de comoção e de comemoração que deve ter usado naquela época.

A vida seguia seu rumo. E era uma vida cada vez mais esperançosa e cheia de boas notícias.

9
ILUSÕES

Terça-feira, quarta-feira, quinta-feira... Os dias iam se passando de uma forma impressionantemente tranquila. Gabriel estava cada vez melhor, cada vez mais desperto, cada vez com mais vontade de seguir com sua vida normal. E, como sua cabeça tinha sido apenas parcialmente raspada e o muito que sobrara de cabelo em regra cobria a área da cirurgia, às vezes nem parecia que ele tinha passado por uma intervenção tão invasiva como aquela.

Depois do primeiro dia de coma induzido e de mais algum tempo meio sonolento, com movimentos vagarosos e cuidadosos, ele despertou totalmente. Pouco a pouco, voltou a falar, a conversar e a sorrir.

Logo de cara, reduziram pela metade o tempo de sedação e de coma induzido. Depois, diminuiu também o período previsto que ele permaneceria na Unidade de Terapia Intensiva.

A rotina continuava mais ou menos a mesma. Yanna passava o dia. Marcus dava apoio logístico, levando o almoço da esposa e ficando no lugar dela quando ela ia comer. Muitas vezes, ele dormia com o filho. Mas, com o tempo, a mãe de Yanna, Suelene, se ofereceu para dormir lá também. Ela se sentia bem estando próxima do neto. E, como a filha continuava proibida de pernoitar no local, ela começou a revezar com o genro.

O revezamento, a propósito, veio em boa hora, já que era quase impossível dormir durante a noite, o que fazia do período noturno um momento extremamente desgastante.

Curiosamente, Suelene, sem combinar com Marcus, iniciou o mesmo hábito dele. E, durante aquelas noites que teimavam em não passar, em que cada uma das horas se arrastava para algo que parecia muito mais longo do que de fato uma hora, ela também começou a rezar o terço.

Ela se lembraria para sempre daquelas noites. Eram longas, intermináveis até, numa monotonia que chegava a incomodar, o que fazia a pessoa achar que jamais amanheceria. Mas, quando invariavelmente amanhecia, Yanna estava lá bem cedo para novamente assumir o seu posto na UTI.

Em meio a isso, Gabriel fazia exames diários para que os médicos acompanhassem clinicamente o caso e para saber se tudo transcorria como deveria. Os resultados eram sempre positivos, de forma que nada fazia crer que algo mais grave pudesse ser registrado.

E, como tudo indicava a maior das normalidades, ele foi transferido no dia 1º de novembro de 2013, uma sexta-feira, do isolamento do leito cinco da UTI, localizado no segundo andar, para o apartamento 511, na ala pediátrica do hospital, que ficava no quinto andar.

Pelas informações registradas no prontuário médico de Gabriel, a transferência se deu no oitavo dia de internação. Mas, considerando que o documento contabiliza a quinta-feira em que a cirurgia foi realizada, e que o menino só deu entrada mesmo na UTI no fim da madrugada da sexta-feira (25 de outubro), pode-se dizer que ele ficou exatamente sete dias internado no tal isolamento.

Pode-se dizer também que, a partir dali, passaria a ficar num apartamento. Com mais conforto, com mais liberdade, com mais tranquilidade. Naquele momento, ele já estava totalmente consciente, já conseguia conversar, mesmo que lentamente, e, com mais um pouco, começaria a se se levantar.

Começou a receber visitas. Sempre muito rápidas, por orientação dos médicos, mas ainda assim pôde rever o irmãozinho, Rafael, o avô, alguns tios. O clima de felicidade, de empolgação, de festa, de otimismo era contagiante. Todos certos de que a cirurgia tinha sido um sucesso e que logo a vida voltaria a ser como antes.

A transferência para o apartamento permitiu também que ele vivesse de forma mais plena e livre um dos grandes momentos futebolísticos daquele ano. Isso porque a temporada de 2013 ficaria marcada pela campanha histórica do Botafogo da Paraíba na Série D do Campeonato Brasileiro de Futebol.

Antes do surgimento do tumor, Gabriel tinha ido ao estádio Almeidão assistir a praticamente todos os jogos do Belo em casa, e vira, vibrara e comemorara cada momento do time pessoense até a classificação histórica para a final da competição nacional.

O último jogo em João Pessoa tinha acontecido em 6 de outubro. O Belo vencera o Salgueiro por 2 a 0, no segundo jogo das semifinais, e se classificara para a final. Gabriel estava lá, no Almeidão, ao lado do pai e do avô.

Mas, por causa de uma briga jurídica no outro lado da chave, as finais teriam de ser adiadas. A primeira partida da decisão, portanto, realizada na Arena do Grêmio, em Porto Alegre, e disputada entre Juventude e Botafogo da Paraíba, só aconteceria no dia 27 de outubro, no primeiro domingo depois da cirurgia de Gabriel, um momento em que ele estava apenas semiconsciente, ainda na transição entre a saída do coma induzido — que fora suspenso no fim do dia anterior — e o despertar definitivo.

O Belo fora derrotado por 2 a 1, mas aquele gol marcado fora de casa enchia de esperanças a torcida botafoguense para o jogo de volta, marcado para acontecer no Almeidão, em João Pessoa, no dia 3 de novembro, apenas dois dias depois da transferência do menino da UTI para o apartamento.

Pois, enfim, chegou o dia do jogo. Era um domingo de sol. Se Gabriel estivesse bem, e não passando por todo aquele problema, certamente estaria no estádio ao lado de toda a família. Mas, na situação em que se encontrava, o jeito era se adaptar às condições de momento.

O tio e padrinho, Daniel, seria, no fim das contas, o único da família que iria ao jogo. Antes de seguir para o estádio, e já vestido a caráter com a camisa do time de João Pessoa, passou no hospital para fazer uma visita. E se divertiu enormemente ao ver que Gabriel vestia um pijaminha cinza, de seda, mas que tinha o escudo com a estrela vermelha do Botafogo-PB bordada na altura do peito esquerdo.

Conversou animadamente com o sobrinho, brincou com ele e se animou ao ver como estava bem. Depois, em tom de brincadeira, perguntou qual seria o placar do jogo decisivo. O Botafogo da Paraíba precisava de um placar de apenas 1 a 0 para ser campeão, mas o menino nem titubeou. Com movimentos lentos, mas firmes, levantou as duas mãos, alinhando os dedos para mostrar que seria 2 a 0 para o Belo.

Daniel sorriu, enchendo-se de esperança. Tirou uma foto daquele momento. Despediu-se do sobrinho e do irmão. Foi para o estádio. No quarto do hospital, ficaram Marcus, Gabriel e um radinho de pilha (Yanna estava indo para uma missa com alguns familiares naquele momento). O jogo não seria transmitido pela TV, de forma que toda a emoção e ansiedade ao longo dos noventa minutos de partida decisiva seriam vividas pela sempre tensa narração de rádio.

A partida começou pontualmente às quatro da tarde no horário de João Pessoa, que não entrara no horário de verão vigente à época. Pai e filho mantinham-se mais tensos, rádio posicionado bem perto deles, imaginando mentalmente cada transcrição de lance do jogo, transportando-se para o estádio aonde tantas vezes foram juntos para reforçar o amor mútuo pelo futebol.

Viram — mais do que apenas ouviram — o zagueiro uruguaio Mario Larramendi abrir o placar para o Belo, de cabeça, aos vinte minutos do primeiro tempo, para a euforia incontida de todos os botafoguenses: no estádio lotado, nos bares, em suas casas, nos hospitais também. Viram ainda o Juventude crescer no jogo, tentar o empate a todo custo, mas ser surpreendido por uma defesa sólida que não deixava nada entrar no gol do time da casa.

Terminou o primeiro tempo. Começou o segundo. Ambos os times tinham suas chances. Ambos faziam as substituições a que tinham direito. Ambos tentavam surpreender o rival. O placar, no entanto, seguia inalterado.

Parecia que nada seria capaz de vencer a meta botafoguense. A torcida já vibrava, já cantava, já comemorava. Mas ainda faltava um detalhe. Faltava a profecia de Gabriel se concretizar.

Até que... não faltava mais! O Juventude teve um escanteio a seu favor aos 46 minutos da etapa final. Bola na área, tensão no ar, mas o goleiro Remerson saiu-se bem e ficou com a bola. Na sequência do lance, ele ainda tocou rápido para o atacante Rafael Aidar, que partiu numa velocidade incrível até chutar forte para dentro do gol adversário, fazendo 2 a 0 e liquidando a partida.

Era daqueles momentos únicos. Difíceis de descrever. O Botafogo-PB era o primeiro clube paraibano da história a ser campeão brasileiro. E não importava se era de uma quarta divisão. A festa foi magnífica. A emoção vivida no apartamento 511 do Hospital da Unimed, igualmente inimaginável. Era como se pai e filho estivessem na beira do gramado, ao lado dos campeões brasileiros da Série D.

Logo após o apito final, ainda na algazarra do momento, o telefone celular de Marcus tocou. Era Daniel gritando do estádio, ainda em êxtase:

— Gabriel acertou o placar! Gabriel acertou o placar! Gabriel acertou o placar!

Foi um domingo e tanto, aquele. De puro regozijo. De sorrisos largos. De felicidade plena e inocente. Um domingo daqueles em que se consegue esquecer momentaneamente tudo o que se viveu, onde se está, tudo o que ainda se tem pela frente. Porque foi um domingo para pai e filho se reconectarem, lembrarem da parceria que o futebol fortalecia, comemorar o que um dia pareceu impossível.

Mesmo que, já na segunda-feira pela manhã, tudo voltasse ao que era antes. Recomeçassem, por exemplo, as sessões de fisioterapia motora e respiratória e as sessões de fonoterapia, iniciadas ainda na UTI e que seguiam no apartamento. Elas começavam a surtir o efeito desejado e apressavam ainda mais a recuperação de Gabriel. Eram duas sessões por dia de cada, totalizando seis encontros com fisioterapeutas e fonoaudiólogos a cada dia.

Era uma rotina bem puxada, a propósito. Mas da qual o menino não reclamava. Na verdade, mesmo com apenas oito anos, Gabriel tinha uma disciplina fora do comum. Fazia os exercícios sem reclamar, sorria muito quando alguém que ele conhecia — e gostava — chegava para visitá-lo e parecia aceitar bem aqueles dias no hospital.

Na quarta-feira, contudo, passada a euforia do título e vivendo uma crescente onda de impaciência por estar há tanto tempo longe de casa,

Gabriel apresentou o primeiro sinal de irritação, mas que, a rigor, não parecia muito ruim do ponto de vista clínico. Em certo momento da manhã, ele quebrou o silêncio com um pedido aparentemente brabo:

— Eu quero ir para a minha casaaaaa!

Aquele misto de reclamação e exigência foi proferido assim mesmo, prolongando a vogal final, num tom de voz que tinha um pouco de choramingo, de dengo, de cansaço, de monotonia. Afinal, no dia seguinte ele completaria duas semanas de hospital, longe de tudo o que gostava.

Quinta-feira, 7 de novembro de 2013. O dia de Gabriel começou antes mesmo das seis da manhã. E, como acontecia todos os dias desde que entrara no hospital, ele foi medicado, teve o curativo da cabeça trocado e realizou uma série de exames de rotina.

Tudo aparentemente normal. As melhoras eram evidentes e amplas, de forma que os médicos ficavam cada vez mais otimistas com a evolução clínica do garoto.

Poucas horas depois, no entanto, ainda cedo pela manhã, ele reclamou de dores no pescoço. Foi avaliado então pelo cirurgião Christian Diniz e pela pediatra Heloísa Amorim, que o visitavam diariamente desde o início de todo o processo.

Em termos mais técnicos, foram constatadas nele "dor cervical, posição de defesa, e dor à palpação do esternocleidomastoideo". Este último, um músculo localizado no pescoço que é o principal responsável pela grande flexibilidade dessa parte do corpo humano.

Refizeram os exames, por segurança. Absolutamente nada aparecia que justificasse pensar em algo mais grave. No prontuário médico, registraram um "quadro sugestivo de torcicolo". Muito provavelmente, fruto da grande quantidade de tempo que ele ficara deitado na mesma posição, sem poder alternar a forma de dormir e a forma de se posicionar no leito.

Os graves acontecimentos que seriam registrados nas horas seguintes sugeririam que era algo extremamente mais grave que provocava aquele início de dor, mas o fato é que não faltaram exames, não faltaram avaliações, não faltaram análises em torno do menino naquela manhã.

Ao que parece, era simplesmente impossível atestar qualquer problema naquele momento, uma vez que todos os exames realizados indicavam uma situação totalmente dentro da normalidade.

Até porque Gabriel passou por uma rigorosa observação. Além do cirurgião e da pediatra, fisioterapeutas e fonoaudiólogos do hospital também o monitoraram. E um médico pneumologista foi mais um profissional da área de saúde a observá-lo naquela manhã, conforme acontecera nos outros dias de sua passagem pelo hospital.

Nada fora diagnosticado. Ele parecia bem. Saudável, na medida das possibilidades de quem, duas semanas antes, passara por uma cirurgia intracraniana.

Christian e Heloísa, cirurgião e pediatra, respectivamente, conversaram depois de toda essa avaliação. Pesaram possibilidades, analisaram o quadro geral e, juntos, decidiram pela alta hospitalar de Gabriel.

Concordavam que a evolução era boa, o quadro, estável, e que em casa ele possivelmente teria uma recuperação ainda melhor e mais rápida.

O menino deixou o Hospital da Unimed naquela quinta-feira exatamente às 14h25. Era o dia do aniversário de Daniel, o padrinho. Comemorações duplas e mais do que merecidas para aquela data especial.

Foram todos para a casa do pai e da mãe de Marcus, onde a família estava alojada desde antes de todo aquele problema. Daniel, o aniversariante, também estava lá, acompanhado de sua então esposa, Luciana. Outros tantos familiares se juntaram por lá para recepcionar o menino.

Haveria um almoço em família. Para comemorar a recuperação de Gabriel e brindar à vida. Era um momento forte, de pura emoção e felicidade. De alívio, igualmente. Que vinha sendo fortemente esperado por todos.

O cardápio? Feijoada! A pedido do próprio Gabriel, que ainda no hospital pedira insistentemente pelo típico prato da culinária brasileira. Tudo bem que, na verdade, não seria bem uma feijoada, apenas feijão preto cozido de forma bem leve, quase sem tempero e sem nenhuma espécie de gordura, justamente para se adaptar às condições do menino. E que, para ele, seria servido liquidificado.

Mas isso era detalhe. Não importava. Afinal, feijão é feijão. E o que valia mesmo naquele momento era ter mais uma vez Gabriel em casa na companhia da família, no acalento do lar, sob a proteção daqueles que tanto o amavam.

O almoço foi servido. Todos sentaram-se à mesa. Haveria bolo depois, para comemorar o aniversário e a alta. Mas, justo naquele momento, Gabriel não quis comer. Mostrou-se indisposto, mais mole do que o normal, querendo ir dormir.

Concluíram que tudo aquilo era fruto do cansaço e do estresse provocado por tantos dias de hospital. Colocaram-no na cama para dormir um pouco. Algumas horas depois, voltaram a chamá-lo. Ele seguia mole, sem querer muito papo, sonolento, incrivelmente quieto. Deram-lhe algo para comer, até para que ele se mantivesse alimentado.

As horas se passavam. Toda a família ficou no apartamento conversando até bem tarde, observando o menino e tentando passar tranquilidade mútua para quem estava presente.

Mas, quando aquela moleza e aquele estado de inércia ficaram indisfarçáveis, alguém comentou, preocupado:

— Gabriel está diferente.

Resolveram que era a hora de todos irem dormir. Quem era de fora foi embora, quem estava morando por lá foi para os respectivos quartos. Marcus e Yanna colocaram o filho na cama de casal onde normalmente dormiam e se deitaram em colchões improvisados no chão, bem ao lado.

No meio da madrugada, Gabriel caiu da cama. Estava tão mole que, numa tentativa de se mexer enquanto dormia, foi parar lá embaixo, justo nos colchões onde estavam os pais.

Aliás, só não caiu direto no chão, o que poderia ter provocado algum incidente mais grave, justamente por causa daqueles colchões. Os pais se assustaram. E decidiram deixá-lo ali mesmo para evitar novas quedas. Naquele momento, verificaram a temperatura da criança. Estava altíssima. Uma febre preocupante se instalava.

Voltaram a dormir, mas já alarmados, já preocupados, já esperando o amanhecer para entrar em contato com os médicos.

Amanheceu. Era sexta-feira, 8 de novembro de 2013. O pior, o mais angustiante, o mais desesperador dia daquela família começava naquele momento.

Ainda bem cedo, os pais tentaram acordar o filho. Ele apenas balbuciava algumas palavras incompreensíveis. Mal dava para escutá-lo. Decidiram então que ele poderia dormir um pouco mais.

Até que, às sete da manhã, Marcus e Yanna foram enfim tentar despertá-lo, já que ele insistia em permanecer dormindo.

O primeiro e grande susto. Perceberam que ele fizera cocô e xixi ali mesmo, na cama, incapaz que estava de se levantar.

Era um quadro inexplicável. Gabriel chegara em casa andando no dia anterior e, menos de 24 horas depois, estava numa situação de total debilidade.

Tentaram colocá-lo em pé. Simplesmente não conseguiram. E o jeito foi levá-lo amparado pelos dois lados até o banheiro. Yanna colocou lá uma cadeira de plástico. Colocou o filho sentado nela. E, grávida como estava, deu-lhe banho. Limpou-o com cuidado. Preparou-se para lavar o local da cirurgia e trocar o curativo, conforme fora orientada no hospital.

Ao mirar toda a sua atenção para a região da cirurgia, contudo, algo diferente chamou sua atenção. Saía de um dos pontos uma espécie de gosma, dura e grossa. Parecia que um dos pontos tinha inflamado.

Ela definitivamente não gostou do que viu, mas ainda tentava ver a situação com certo otimismo. Poderia ser algo localizado, de fácil solução, não havia de ser nada muito grave.

De toda forma, o problema precisava ser resolvido. Ligou imediatamente para Christian Diniz. O neurologista, contudo, realizava uma outra cirurgia naquele momento e não pôde atender.

Decidiu, então, tirar uma foto da região da cabeça de onde saía a secreção. Enviou para o cirurgião por WhatsApp. Aguardou. Nesse meio-tempo, colocou o filho diante da mesa da sala de estar do apartamento. Preparou uma comida pastosa e lhe deu. Gabriel comeu com extrema dificuldade, mas comeu, ainda assim. Isso era importante.

Por volta das dez horas, Christian ainda não tinha respondido a mensagem. Marcus precisava resolver questões inadiáveis no trabalho. Ficou dividido entre ir e esperar. Resolveu ir. Era algo rápido, e ele levaria Rafael consigo para não deixar Yanna sobrecarregada.

Uma hora depois, Christian finalmente respondeu a mensagem. Avisava que estava no fim de uma cirurgia, mas antecipava que não gostara do que vira na foto. Pediu, então, que levassem Gabriel ao seu consultório por volta das 13h30, pois era mais ou menos o tempo que ele precisaria para finalizar a cirurgia e se deslocar de um local para o outro. O médico disse mais: "Quando chegarem, entrem direto. Vocês terão prioridade máxima e serão os primeiros a serem atendidos".

Marcus foi avisado da notícia por telefone. E chegou de volta em casa pouco depois. Percebeu Gabriel com cada vez menos reação.

Yanna foi para a cozinha. Liquidificou feijão até deixá-lo bem pastoso. Colocou num prato. Marcus assumiu o posto. Sentou-se bem perto de Gabriel com o prato de feijão liquidificado e uma colher. Começou a dar-lhe o almoço.

Daniel chegou ao local mais ou menos nesse momento. Trabalhava ali perto e costumava ir almoçar todos os dias na casa dos pais. Chegou bem a tempo de ver toda a cena do almoço do sobrinho. Para ele, a mais chocante que ele guarda daquela época:

— Quando eu cheguei, Kiko estava dando um prato de feijão para Gabriel. Ele bem "morto", completamente sem reação e de olho baixo. Completamente esquisito. Pálido, quieto, mas ainda assim ele estava comendo. Nesse aspecto, era impressionante a força do pirralho. Kiko dizia: "Coma, que você vai ficar bem". E ele, mesmo daquele jeito, comia. A imagem que eu tenho daquele dia é horrível.

Findado o almoço, era hora de ir para a clínica de Christian Diniz, localizada na avenida Camilo de Holanda, Centro de João Pessoa.

Mas o quadro demonstrava ser cada vez pior. Porque, na hora de sair, o pouco de força que existia em Gabriel até pouco tempo já não estava lá. Ele não conseguia andar e não conseguia se manter em pé, nem mesmo amparado pelos pais. Também não falava mais direito e quase não respondia a qualquer estímulo.

Saíram os três de casa, o pai tendo que carregar o filho nos braços. Ao chegar no carro, Marcus colocou Gabriel no banco de trás, para onde também foi Yanna, e depois assumiu o volante. Deixaram em casa o restante da família, extremamente alarmada com tudo o que tinha visto naqueles minutos finais.

Foi um percurso realizado quase em silêncio. Os pais estavam obviamente preocupados, mas ainda esperançosos de que poderiam receber notícias amenizadoras. Respostas da medicina que mostrassem, de repente, que aquele tipo de reação era possível de acontecer de tempos em tempos. Ou mesmo que aquilo seria facilmente solucionado.

Estavam completamente enganados. Saberiam disso em pouco tempo. Mas, num momento como aquele, o melhor que poderiam fazer era mesmo manter pensamentos positivos e torcer pelo melhor. Ou pelo menos grave, que fosse.

Chegaram, enfim. Gabriel inerte. Marcus pegou-o novamente nos braços. Levou-o até o interior da clínica seguido por Yanna, que andava com um pouco mais de dificuldade por estar com aquela típica barriga de grávida, cada vez maior.

Como fora combinado, eles nem se sentaram. Não ficaram um único minuto na sala de espera. Christian já estava lá e deixara avisado que eles deveriam entrar no consultório imediatamente, tão logo chegassem ao local.

Assim que adentraram a clínica, uma atendente se apressou e abriu a porta do consultório. Christian se assustou ao ver o menino sendo carregado e rapidamente preparou uma maca que tinha em sua sala para que deitassem Gabriel.

Foram pouquíssimos segundos de atendimento. Sim, segundos. Porque tudo aconteceu em menos de um minuto. Christian se aproximou de Gabriel. Percebeu-o quase inerte e demonstrando um preocupante estado de sonolência. Abriu os olhos dele, observou as pupilas. Estavam dilatadas. E só aquela rápida análise era mais do que suficiente para o médico:

— Ele já chegou muito grave no consultório. Muito grave mesmo. As pupilas dele definitivamente não estavam com um diâmetro bom — destacaria o médico ao relembrar a cena.

E, naquele início de tarde, ele agiu com a velocidade que a gravidade do caso exigia. Imediatamente, sacou o telefone celular. Ligou para o Hospital da Unimed. E, na frente dos pais do menino, disse o que tinha a dizer:

— Reservem imediatamente um leito na UTI Pediátrica. Gabriel, que estava internado aí até ontem, está voltando. Separem a ficha dele.

Marcus e Yanna sentiram o impacto daquela frase, obviamente. Quase não podiam acreditar no que estavam ouvindo. Mas nem tiveram tempo para absorvê-la. Porque a seguinte, proferida logo depois, foi dirigida diretamente para eles:

— Vão imediatamente para o hospital. Não parem. Não percam tempo. Ultrapassem sinais vermelhos, se for preciso. Mas cheguem o quanto antes ao hospital. Um leito na UTI estará pronto esperando pelo filho de vocês.

Os pais obedeceram a ordem à risca e sequer responderam verbalmente ao médico. A resposta, na verdade, foi dada em forma de ação. Saíram em disparada, com Gabriel mais uma vez sendo carregado pelo pai.

Yanna sentou-se no banco traseiro do carro, entrando pelo lado do passageiro e, enquanto Marcus dava a volta no veículo, ela rapidamente abriu a porta do lado oposto. Marcus, então, colocou o filho para dentro até a cabeça dele ser precariamente acomodada no colo da mãe. Depois disso, o pai reassumiu a direção e acelerou com fúria.

Christian, contudo, já não estava mais prestando atenção nos três indo embora. Tinha suas próprias questões emergenciais para resolver.

Chamou nervosamente pela atendente da clínica, que rapidamente foi ao seu encontro. Sem tempo a perder, mandou cancelar todos os agendamentos marcados para aquele dia. Tomou algumas outras rápidas providências urgentes, igualmente inadiáveis, e alguns minutos depois também deixou sua clínica. Extremamente tenso, preocupado com o que poderia acontecer com Gabriel.

Mas não teve a mesma eficiência que Marcus e Yanna. E, enquanto pai e mãe foram ao hospital sem encontrar problemas mais graves no trânsito da cidade naquela sexta-feira ensolarada de novembro, o cirurgião, que só saiu poucos minutos depois, se deparou com um acidente de carro que acabara de acontecer, o qual instantaneamente começou a engarrafar a via que ele optara pegar para ir até o hospital.

Demoraria bem mais tempo para vencer os meros três quilômetros que separavam um local do outro. E, em meio a análises médicas e angústias corrosivas, chegou a pensar que nunca conseguiria chegar ao seu destino. Mas conseguiria, sim. E no instante derradeiro, bem a tempo de salvar a vida do menino.

10
O MILAGRE DA RESSURREIÇÃO

Aquele dia 8 de novembro de 2013 é um dos mais importantes na vida de muita gente. Todos os que o viveram em torno do menino que chegara semimorto ao Hospital da Unimed mudaram de alguma forma o seu jeito de ver o mundo. Nenhum deles terminaria aquele dia indiferente, sem reavaliar prioridades, sem pensar nos mistérios que cercam o além.

Cirurgiões, anestesistas, enfermeiros, plantonistas, familiares, amigos. Todos são unânimes em dizer que algo mudou na vida deles depois daquele dia. Depois de tudo o que testemunharam. Depois que viram, com assombro e de diferentes ângulos, os muitos acontecimentos que se seguiram.

Gabriel teve uma parada cardiorrespiratória dentro da UTI Pediátrica tão logo deixou o elevador e chegou de volta do exame de tomografia, realizado no térreo do hospital. Por sinal, já estar lá dentro foi, muito provavelmente, um dos principais motivos que o salvaram.

A propósito, foi exatamente nesse instante decisivo que Christian Diniz adentrou a UTI Pediátrica. A tempo inclusive de ver o menino começar a ser entubado. Ele apressou ainda mais seus movimentos, colocou o jaleco numa velocidade impressionante e, no segundo seguinte, já estava assumindo o controle do procedimento, passando a dar algumas ordens rápidas e participando diretamente do trabalho de reanimação cardíaca.

Havia uma assustadora agitação dentro da UTI; numa cena aparentemente caótica, mas, no fim das contas, cada um sabia exatamente qual era a sua função. Gabriel passou pouco mais de um minuto sem pulso. E, nesse período, recebeu massagens cardíacas, levou choque de desfibrilador, recebeu medicamentos pesados que são utilizados em reanimações do tipo. Até que, de repente, o coração voltou a bater, ainda de forma bem fraca.

O retorno dos batimentos cardíacos não deixava de ser um alento, mas apenas provisório. Mínimo. Quase não dava para ser comemorado naquele momento. Todos sabiam, afinal, que o risco de morte continuava altíssimo. E, tão logo a reanimação foi finalizada, deu-se a ordem de levá-lo apressadamente para o bloco cirúrgico.

O quadro era simplesmente devastador. Na Escala de Coma de Glasgow, usada pelos médicos, ele apresentava grau 3, sendo que ela vai justamente de 3 a 15, e quanto mais baixo, mais grave é o caso. Seu estado de coma profundo, portanto, era o mais severo possível, naquele que certamente era o último estágio antes da morte.

A situação foi piorando ainda mais. Suas pupilas estavam extremamente dilatadas, num aspecto típico de quem estava morto. Ou, ao menos, morrendo exatamente naquele momento. Estava ainda arreflexivo, termo usado pela equipe médica para descrever quem não reage mais a nenhum tipo de reflexo. E, para piorar, a tomografia atestara o retorno de uma hidrocefalia severa na região intracraniana.

Todos os testes tinham sido feitos no bloco cirúrgico. Todas as tentativas de encontrar alguma reação também. Mas os resultados eram desanimadores. Gabriel não respondia a mais nada. Não tinha funções cerebrais. Simplesmente não parecia mais ter vida.

Christian lutava bravamente contra a morte do garoto e contra as suas próprias emoções. Ele também tinha medo. Pensava nos seus próprios filhos. Tentava entender como um menino que estava saudável na manhã do dia anterior chegava ao seu fim de forma tão precoce.

Ele teve vontade de chorar em mais de uma oportunidade. E chegou a pensar, completamente atordoado, em como daria aos pais de Gabriel a notícia de que o menino não resistira e que lamentavelmente tinha morrido. Estava bem próximo de perceber que tudo ali tinha chegado ao fim, e isso o maltratava agressivamente.

Mas, a despeito de vontade, não chorou naquele momento. Nem desistiu. Quase cinco anos depois, ao relembrar o que viveu naquele dia, ele explicaria que foram minutos intensos, raros e impressionantes. Disse que, se tivesse feito um exame específico sobre o estado clínico de Gabriel naquele momento, certamente constataria sua morte encefálica. Quando nada mais funciona, o quadro é irreversível, apenas o coração bate precariamente enquanto o corpo não se comporta mais como deveria, em que se começa a pensar na possibilidade de doação de órgãos.

O médico diria, inclusive, que Gabriel atingira tal estágio terminal, que ele poderia ter encerrado qualquer tipo de procedimento médico e simplesmente declarado a sua morte.

— Naquele momento, eu vi Gabriel morto — declararia Christian em entrevista para este livro, num depoimento dos mais impressionantes.

Sabe-se lá por que, contudo, ele não deixou o menino ir. E, em vez de declarar a sua morte, resolveu seguir em frente. Fazer todo o procedimento cirúrgico que precisava ser feito. Insistir no que parecia impossível. E orou. Orou enquanto trabalhava. Orou enquanto pensava. Orou enquanto tomava decisões urgentes e pesadas na velocidade de um instante. Orou com toda a fé que tinha em Deus. Seguiu orando silenciosamente durante todo o longo processo que se seguiu. Pedindo discernimento, pedindo com fervor que Deus agisse por meio de suas mãos.

Usou um craniótomo para fazer um novo furo no crânio do garoto. Pelo acesso, limpou o que podia. E por esse mesmo orifício colocou um dreno, chamado oficialmente de Derivação Ventricular Externa (DVE), para expelir o excesso de líquido de dentro da cabeça, que àquela altura tinha um aspecto escuro e arenoso, visto que saía misturado com sangue e muito pus. Era um quadro típico de meningite bacteriana, uma versão infinitamente mais grave do problema, diagnóstico que seria clinicamente confirmado algumas horas depois.

Foi um processo lento, metódico, trabalhoso, mas ao mesmo tempo ágil. Com a agilidade de quem sabe que qualquer segundo pode ser definitivo.

Terminou-se tudo. Fez-se um novo curativo na cabeça de Gabriel. Respirou-se fundo e demoradamente. O menino — quem diria? — continuava vivo. O médico então reabriu os olhos dele para examiná-lo. Não conseguia acreditar no que via. A pupila estava impressionantemente menos dilatada. Era como se Gabriel tivesse morrido e ressuscitado.

No papo de cinco anos depois, em 2 de maio de 2018, chorando muito ao relembrar os detalhes daquele dia, ainda incrédulo, sentado numa sala próxima a um bloco cirúrgico de hospital entre uma cirurgia e outra, o médico e cirurgião Christian Diniz — com mais de quinze anos de experiência e especialização em neurologia infantil pela Escola Paulista de Medicina, com doutorado pela USP e com uma bagagem profissional e acadêmica que o credencia a ser professor de Medicina da Universidade Federal da Paraíba, do Centro Universitário de João Pessoa e da Universidade de Saint Louis, nos Estados Unidos; considerado um dos maiores especialistas em neurologia infantil do Brasil — admitiria com rara honestidade sua total incapacidade de explicar por argumentos exclusivamente médicos o que de fato aconteceu no bloco cirúrgico do Hospital da Unimed naquele dia único. E uma frase sua resumiria bem a singularidade daquele caso:

— Gabriel é o primeiro milagre concreto que eu vi na vida.

Não é qualquer coisa, o veredito do médico. Nem toda a sua bagagem profissional lhe permite explicar como o pequeno Gabriel, de apenas oito anos de idade, recém-operado de um tumor maligno na cabeça e com um quadro gravíssimo de meningite bacteriana, conseguiu sair vivo daquela sala de cirurgia e seguir para a UTI Pediátrica.

Isso, contudo, não significava que ele estava fora de risco. A situação continuava extremamente grave, e o dia nem havia terminado para o garoto.

Antes de qualquer novo procedimento, contudo, Christian precisava conversar com a família de Gabriel. Explicar da melhor forma possível que ele estava vivo, porém em estado ainda muito grave. Ele tentava diminuir sua adrenalina, ainda buscando organizar as ideias e querendo compreender melhor tudo o que vivera até ali.

Mas, admitia, era difícil. Não tinha sido uma intervenção qualquer, como tantas outras que ele já fizera ao longo da carreira como médico. Era algo realmente único. E sobre o qual ele ainda levaria muitos anos refletindo, pesando tanto o viés científico como o viés divino. Chegara a um momento em que era difícil separar um do outro.

Ele, enfim, saiu do bloco cirúrgico. Caminhou pelo corredor do hospital lentamente, de forma cadenciada, aproveitando o caminhar para ir se acalmando e sentindo o próprio coração desacelerar. Era preciso aquele trabalho antes de conversar com a família de Gabriel.

Finalmente, chegou à sala de espera onde estavam todos. Encontrou muitos chorando. Com uma ansiedade visível em seus olhos e em suas expressões nervosas.

Identificou a mãe de Gabriel, grávida de quase seis meses, olhos vermelhos pelo choro, mas demonstrando uma força e uma fé que o impressionavam. Ela tinha um olhar altivo, confiante, firme, resoluto, que ficaria para sempre na memória do cirurgião. Era a própria personificação da força de uma mãe. Capaz de tudo em nome de seu filho.

Logo ao lado, abraçando-a, avistou o pai de Gabriel. Igualmente confiante. Com aquele mesmo olhar de quem acredita no imponderável. Numa expectativa que quase o fazia implorar para que o médico dissesse logo o que tinha a falar.

Tantas outras pessoas estavam na sala. Algumas aproveitavam a presença do cirurgião para se aproximar, na ânsia de escutar o que seria dito. Outras, ao contrário, faziam justamente o caminho oposto. Incapazes de segurar a aflição, afastavam-se, temerosas do que poderia ser proferido.

Até aquele momento, apenas a pediatra do menino tinha conversado com as pessoas do lado de fora. Ela já estava no hospital na hora em que tudo começara e acabou acompanhando a cena dentro do bloco cirúrgico, mas, ao sair, tinha feito questão de deixar para o médico o resumo de todo o quadro. Todos, portanto, ainda esperavam aflitos o que ele tinha a dizer.

Pois foi naquele momento de observações, naquele momento de encaradas, de médico para família e de família para médico, que

Christian Diniz percebeu que todo o seu trabalho de respiração para se acalmar e para demonstrar serenidade diante dos pais do menino tinha sido em vão.

Ele era humano, afinal. Antes pai do que médico. E a imagem de seus filhos ainda rondava a sua mente junto com todas as imagens assustadoras e inesperadas que ele tinha visto há pouco. Era inevitável. E, antes que pudesse quebrar o silêncio, sentiu um ardor invadir sua garganta e explodir em forma de choro. Um choro honesto, atordoado e aliviado ao mesmo tempo, que mais parecia um desabafo.

O médico, enfim, abraçou Marcus e Yanna. E disse, com uma sinceridade comovente, que acabara de presenciar um milagre. Que Deus certamente deveria ter algo muito importante para confiar a Gabriel.

A primeira das frases, contudo, foi de um impacto inimaginável:
— Olhe, Deus deve ter uma missão muito grande para Gabriel neste mundo. Ele esteve com Deus e foi mandado de volta para cá.

Depois, já minimamente recomposto, falou sobre as questões mais técnicas do caso, explicou que Gabriel tinha sido acometido por uma meningite bacteriana, mas ponderou que a equipe multidisciplinar do hospital ainda estava investigando qual bactéria provocara tudo aquilo. E em que intensidade ela afetava o cérebro da criança.

Por tudo isso, explicou que Gabriel não poderia receber visitas naquele momento, que ele ainda estava no bloco cirúrgico e que demoraria pelo menos mais duas horas até ir para a UTI. Disse também que, por não saber ainda qual bactéria o afetava, Yanna não poderia chegar perto do filho pelo menos até segunda-feira, quando soubessem enfim quão infecciosa era a tal bactéria.

Foi um choque para Yanna, que, pela segunda vez desde que começou o problema médico de Gabriel, era proibida de chegar perto de seu próprio filho. Mas, os médicos insistiam, a medida mais uma vez visava a integridade do bebê que ela carregava na barriga.

De repente, a pediatra Heloísa Amorim chegou perto de Marcus e Yanna. E afetuosamente aconselhou:

— Vão para casa. Descansem. Vocês não poderão ver Gabriel agora, e ele ainda vai precisar muito de vocês.

Era um conselho sábio. Dado por quem tinha testemunhado cenas terríveis dentro do bloco cirúrgico. E que bem sabia o que estava por vir nos dias seguintes. Ao relembrar daquele momento, a propósito, anos depois de tudo o que fora vivido, Heloísa adotaria um tom intensamente emocionado:

— Naquela volta ao hospital, eu tive muito medo de perdermos Gabriel. Eu testemunhei a parada cardíaca que ele teve e me senti impotente e angustiada ao vê-lo quase partir. Quando parecia que nosso limite humano havia acabado, presenciamos um milagre.

Aquele conselho, portanto, era dado por quem conhecia a gravidade do caso. E, ao perceber isso, com o intuito de ajudar a convencer a filha e o genro a segui-lo, Suelene, mãe de Yanna, assentiu amorosamente com a cabeça e declarou que dormiria aquela noite com Gabriel.

Pai e mãe cederam, mas não sem protestos de Yanna:

— Eu queria muito estar com ele. Queria ficar com o meu filho. Voltei para casa com o coração partido e extremamente assustada — ela atestaria tempos depois.

Ainda assim, era fato que os dois estavam arrasados, completamente abalados, destruídos fisicamente e vivendo uma espécie de esgotamento mental. Todos os demais concordavam que era importante aquela pausa. Até que ambos acabaram por admitir seus limites. Foram para casa, enfim.

Suelene também deixou o hospital. Como Gabriel ainda demoraria um bom tempo para retornar à UTI, ela foi em casa com a promessa de que apenas tomaria um banho rápido, colocaria uma roupa limpa e voltaria imediatamente para o pernoite.

Assim foi feito. Quando Marcus e Yanna chegaram em casa, já era noite. E chegaram de uma forma pesarosa de se ver. Daniel, que ficara na casa dos pais à espera de notícias de Gabriel, destacaria que o irmão simplesmente desabou no sofá com uma expressão grave e assustada no rosto.

— A gente perguntava as coisas, pedia informações, e ele simplesmente não conseguia falar. Só depois, quando Kiko começou a respirar melhor, é que ele passou, pouco a pouco, a dizer tudo o que tinha acontecido.

Luciana, que na época era casada com Daniel, lembraria anos depois, embargando a voz e começando a chorar, da forma como o silêncio fora quebrado naquele momento:

— Kiko e Yanna sempre foram muito fortes. Sempre passaram pensamentos positivos. Mas, naquele dia, Kiko olhou em volta e disse de repente: "Quase que a gente perde o nosso menininho".

Pouco a pouco, portanto, os dois passaram a notícia para os familiares e amigos que ainda não estavam sabendo sobre o drama. Depois Marcus ligou para os primos. Convidou-os para irem para a casa deles. Estavam abalados de tal forma, que não teriam a menor condição de dormir naquele momento. E queriam o carinho, o apoio, principalmente o papo dos muitos primos.

Foram prontamente atendidos. Chegaram todos em pouco tempo. Começaram a conversar e a monitorar o que se passava no hospital. A esposa de um dos primos de Marcus era amiga de uma profissional de saúde que estava no mesmo setor do hospital onde Gabriel era atendido. As duas trocaram várias mensagens por celular, sempre a pedido dos pais do menino. E, de tempos em tempos, as informações acabavam chegando.

As notícias, contudo, mesmo que filtradas para preservar os familiares de Gabriel, não eram animadoras. A situação na UTI não era nada tranquila. O quadro de Gabriel estava longe de uma pretensa estabilidade.

Foi outra noite tremendamente longa. E quem acabaria sofrendo exageradamente com a situação, mais do que qualquer outra pessoa, seria Suelene, que se oferecera para passar a noite no hospital.

Ela cumpriu rigorosamente o que prometera. E não demorou muito para estar de volta ao hospital, já de banho tomado e pronta para ficar ao lado de seu neto.

Fez o mesmo caminho que já conhecia tão bem. Entrou no prédio pela porta principal, identificou-se na recepção, pegou o elevador com uma ansiedade crescente, caminhou pelos corredores do segundo andar e só parou quando estava diante da porta de acesso para a UTI.

Não havia ninguém à vista. Tocou a campainha. Esperou um tempo maior do que o normal. Permaneceu impassível, aguardando. Nada. Ainda assim, esperou um tempo considerável. Pelo menos dois minutos. Tocou novamente a campainha. Desta vez, a resposta foi mais rápida. Aquela que parecia ser uma enfermeira entreabriu a porta. Mas ficou numa posição que impedia o acesso.

— Sim?

Suelene não se abalou. Sorriu respeitosa e educadamente. E, de forma muito fraterna, se apresentou:

— Sou a avó de Gabriel e vim para assumir o posto de acompanhante dele.

A tréplica, contudo, não foi nem de perto a esperada. E aquilo mexeu muito com Suelene:

— Desculpe, mas a UTI está momentaneamente fechada. A senhora vai ter que aguardar, porque estamos fazendo um procedimento de urgência.

— Mas é com ele? — insistiu Suelene, desesperando-se e se segurando para não chorar.

Naquele instante, contudo, a enfermeira tornava a fechar a porta sem responder palavra alguma. Suelene não obtivera a informação que desejava, mas sentiu que, qualquer que fosse o procedimento, era feito em seu neto.

Pois ela não arredou o pé. Ficou incansavelmente próxima àquela porta. Por um longo período de tempo. Tentando observar de alguma forma o que se passava lá dentro, tentando perguntar algo a quem de repente surgisse perto. Falharia em ambas as missões, receberia apenas respostas vagas, mas permaneceria ali, imóvel, aguardando, alarmando-se.

Duas percepções principais lhe faziam ter certeza de que o alvo de toda aquela agitação era Gabriel. Primeiro, porque não identificara nenhum outro acompanhante de paciente do lado de fora. E, se só ela estava barrada, ficava claro com quem era o problema. Na verdade, apenas aquele veto já seria suficiente para a conclusão óbvia, mas Suelene somava a isso o fato de ter visto inúmeras vezes Heloísa passar correndo "para lá e para cá".

De repente, sua filha mais nova, Fernanda, irmã de Yanna e madrinha de Gabriel, lhe telefonou. Perguntou como estavam as coisas. E encontrou como resposta o choro da mãe, dizendo em meio a pausas nervosas que algo estava acontecendo dentro da UTI e que, a despeito disso, ela não pudera entrar.

Não tardou e Fernanda estava lá, ao lado da mãe. Dando-lhe apoio e aumentando a trincheira de resistência em busca de informações.

Suelene havia chegado de volta ao hospital aproximadamente às oito da noite, mas só conseguiria entrar na UTI às duas da manhã. Foram seis horas de terror que passou em pé, perto de uma porta de UTI, parcialmente sozinha e parcialmente ao lado da filha caçula.

E não devem ser muitas as pessoas que conseguiriam passar tanto tempo vivendo uma situação-limite dessa sem cambalear de quando em quando, sem se entregar ao mais puro sentimento de medo.

— O desespero, o desengano que é um momento desses, só sabe quem já viveu — destacaria Suelene, o tom de voz desolado, choroso e amargurado, ao resgatar na memória os detalhes daquela noite.

Ela lembraria também uma frase que disse em voz alta, para si mesma, no mais cristalino momento de dor. Chegando mesmo a negociar pela vida de seu primeiro neto:

— Meu Deus, eu já vivi tanto. Não poderia ser comigo?

Ela falava e chorava. Rezava. Chorava de novo. E, nesse aspecto, a presença de Fernanda era fundamental. Porque ela se tornara um apoio, alguém para abraçar e amparar a mãe, dar-lhe força, ajudar a aguentar aquela noite interminável.

Os medos não eram em vão. A equipe médica, liderada então por Christian e Heloísa, trabalhava incessantemente. No momento em que o neurologista fora conversar com Marcus e Yanna, o filho Gabriel estava minimamente estabilizado, é verdade, mas em situação gravíssima, visto que a qualquer momento ele poderia sofrer uma nova intercorrência.

Foi justo o que aconteceu. Pouco depois de retornar à UTI, Gabriel teve uma série de complicações que poderiam tê-lo matado.

Os acontecimentos registrados naquela noite, no entanto, não são muito claros. O que se sabe é que o dreno colocado mais cedo na cabeça de Gabriel com o objetivo de drenar o líquor repleto de sangue e de pus entupiu poucas horas depois e precisava ser imediatamente trocado.

A explicação era simples e trágica. Como o DVE é feito para drenar um líquido, em geral, fino e transparente, ele aparentemente não estava preparado para escoar algo tão grosso, tão arenoso, tão purulento. Entupiu e precisou ser trocado. E aquela não seria a última vez que isso aconteceria.

Ademais, constataram que a meningite bacteriana estava criando um edema cerebral de grande proporção ao longo de todo o cérebro, e por isso a inflamação estava atingindo 100% da área do tecido cerebral, o que poderia provocar danos irremediáveis ao menino.

Foram identificados ainda pequenos pontos de hemorragia intracraniana provocados principalmente pela pressão alta, que voltara a aumentar à medida que a hidrocefalia se reinstalava. E muito por isso era essencial trocar o dreno tantas vezes fosse preciso, porque ele seria essencial no trabalho de regularizar a pressão registrada dentro da cabeça de Gabriel.

Tem mais: além de anemia, os exames realizados naquela noite diagnosticaram uma série de distúrbios que causavam nele complicações neurológicas e cardíacas graves, assim como problemas respiratórios igualmente graves, num quadro clínico que poderia levá-lo à morte a qualquer momento.

E, de fato, ele passou muito daquela noite no limite entre a vida e a morte. Com toda a equipe médica fazendo um esforço sobre-humano para manter os sinais vitais funcionando minimamente.

Foram horas de trabalho, de incertezas, de tensão tanto do lado de dentro como de fora. Não foram poucas as bolsas de sangue que ele precisou tomar. Não foram poucos os riscos que ele precisou enfrentar. Não foram poucas as dificuldades que ele precisou superar.

O quadro clínico só foi estabilizado perto das duas da manhã. E, depois de mais algum tempo reorganizando o local, foi autorizado a Suelene enfim entrar na UTI.

Naquelas primeiras noites de retorno, inclusive, Gabriel não ficaria no leito localizado no isolamento que marcara a sua primeira estada. Aquele estava ocupado com outra criança e só ficaria livre no domingo. Até lá, portanto, o menino ficaria em outro leito. Mas, tão logo ficasse vago, ele seria imediatamente transferido de volta para o tal leito cinco da UTI Pediátrica.

Aquela, contudo, não era nem de longe a única mudança percebida por Suelene assim que conseguiu entrar no local. Porque, depois de se despedir de Fernanda e agradecer profundamente à filha pelo apoio que ela deu naquele momento de puro terror, a avó de Gabriel finalmente foi ao seu encontro. E não pôde deixar de se chocar com a cena que viu.

Diferente da primeira vez, Gabriel estava com a cabeça completamente raspada, o que salientava o grande corte realizado durante a cirurgia de retirada do tumor; e, mais do que isso, evidenciava o dreno que saía de dentro de sua cabeça.

Havia uma espécie de torneirinha no dreno próximo à altura da nuca e, na ponta oposta, uma bolsa coletora para onde ia o líquido escuro que saía da cabeça do menino.

Ademais, era possível ver uma bolsa de sangue. Gabriel perdera muito sangue ao longo daquela noite, o qual precisava ser reposto quase ininterruptamente. Assim como havia um acesso venoso por onde eram ministrados os mais variados tipos de antibióticos intravenosos para tentar conter a meningite bacteriana, que àquela altura seguia descontroladamente agressiva.

Pois foi com essa cena que Suelene se deparou. Gabriel completamente inerte. Desacordado. Prostrado naquele leito de UTI. Com inúmeros drenos, sondas, fios, sons, tudo o mais.

Suelene já estava de certa forma acostumada com o ambiente de UTI, o que não lhe impediu de sentir o baque daquele retorno. De toda forma, seguiu caminhando em direção ao seu posto. Observou de longe o neto. Alisou-o timidamente, escolhendo uma parte que ela julgara mais segura, longe de todos aqueles equipamentos assustadores. Sentou-se na poltrona incrédula, assustada, chorosa.

Pegou o terço que levava consigo. Começou a rezá-lo. Rezou a primeira vez. Terminou. Recomeçou. Rezou a segunda, a terceira, a quarta vez. Rezou em sequência até amanhecer. Perdeu as contas de quantas vezes o rezou. Não conseguiu dormir. Não conseguiu nem mesmo cochilar. Continuou com o terço em mãos. Afastando pensamentos ruins enquanto rezava, fitando o neto imóvel enquanto rezava, refletindo sobre tudo o que vivia — e sofria — enquanto rezava ainda mais. Amanheceu. Mas ela só se deu conta de que, de fato, era dia quando Marcus, o genro, chegou para a troca de plantão carregando a imagem de Santa Terezinha, que seria recolocada bem próxima de onde estava o filho moribundo.

11
DE VOLTA À UTI

"Risco iminente de morte." O aviso estampado no prontuário médico de Gabriel, preso na cama de hospital em que ele estava prostrado e acessível apenas aos muitos médicos que iam assisti-lo na UTI Pediátrica, não era nada animador. E mostrava de forma direta e pouco amena toda a devastação que tomava conta de seu corpo franzino.

Entubado, respirando apenas com a ajuda de aparelhos e preso a uma enorme quantidade de equipamentos que o monitoravam em tempo real, Gabriel voltara ao leito de UTI ainda em coma profundo. E com a tal da meningite bacteriana gravíssima que seguia destruindo células cerebrais.

Ainda naquele sábado, descobriu-se que a bactéria que se alojara na meninge de Gabriel e que provocava todo aquele caos era a estafilococos coagulase-negativa, e de imediato intensificou-se o combate a ela. Uma das bactérias mais comuns, que quase todo mundo acaba contraindo algum dia, tornava-se extremamente mais grave diante do quadro clínico em que o paciente se encontrava. E, naquele primeiro momento, não dava sinais de que estava recuando ou sendo afetada pelos muitos antibióticos que eram ministrados.

Era como se houvesse uma guerra em curso dentro do corpo de Gabriel. Uma guerra violenta e sangrenta. Das mais duras. Mas era a bactéria, e não os remédios, que naquele primeiro momento vencia todas as batalhas ali travadas.

O quadro clínico do paciente não era nem mesmo estável. Dia após dia a partir daquele sábado, e durante muito tempo, ele pioraria. Teria sempre alguma complicação adicional. Um problema novo. Sinais vitais menos perceptíveis. Ficaria mais próximo do colapso definitivo.

Ana Cláudia, a tia de Marcus, chegaria a se emocionar ao relembrar aqueles dias. Além de cardiologista, ela é especialista em atendimento intensivo, por isso está acostumada com casos gravíssimos. Por ser tia, contudo, estava emocionalmente envolvida e não participava ativamente do caso. Mas visitava Gabriel diariamente. Observava os parâmetros vitais. Conversava como podia com os demais médicos e chegava a dar sua opinião sobre um ou outro procedimento. E, invariavelmente, saía completamente desanimada da UTI.

— Na medicina, a gente define uma espécie de limite até onde um paciente pode ir sem morrer. Mas Gabriel passou desse limite e não morreu. Aconteceu algo além do nosso entendimento — explicaria ela, creditando a Deus a vida do menino.

Ana Cláudia evitava conversar com os sobrinhos sobre a situação delicada e extremamente grave em que Gabriel se encontrava. Era o tipo de assunto, achava ela, de responsabilidade dos médicos que atuavam oficialmente no caso. Mas ajudava como podia. E em mais de uma oportunidade chegou a dormir na UTI como acompanhante de Gabriel.

Não raro, deixou a sala abalada e chorosa, definitivamente desesperançada, achando que aquela seria a última vez que veria o sobrinho, quase neto, com vida. No dia seguinte, contudo, ele ainda estava vivo. Só que com um quadro clínico ainda pior. Era um misto de alívio com preocupação. E medo. Achando que daquela vez, sim, o tal limite tinha sido ultrapassado.

O menino de apenas oito anos, em coma profundo, à beira da morte, desafiava a todo momento os limites da vida. Sempre que a tia julgava ser o fim, ele avançava em direção a um estado ainda mais grave e, a despeito da lógica médica, negava-se a morrer.

Toda essa história na UTI, contudo, se iniciaria naquele sábado, 9 de novembro de 2013, quando Marcus chegou ao local para substituir a sogra que passara a noite em claro.

E, tal como ela, ele teve um choque. A cabeça raspada, o dreno na cabeça, a bolsa de sangue, os velhos e dolorosos sons dos equipamentos médicos, a febre altíssima que o filho seguia apresentando.

Era um cenário devastador. Que se tornou ainda mais dramático quando o médico plantonista chegou para observar os diferentes pacientes.

Marcus explicaria depois que, durante os dias de semana, são sempre os mesmos médicos que estão no trato diário com os pacientes e com os acompanhantes da UTI, de forma que, com o tempo, é criada uma empatia maior entre os dois lados. Mas que, aos sábados e domingos, são médicos plantonistas que entram em escalas e passam o dia no local apenas de vez em quando. Profissionais que não acompanham os casos de forma mais próxima e que, por isso, não raro agem de forma mais fria, sem muito tato, sem demonstrar tanta afetividade com quem está perto.

Pois foi justamente o que aconteceu naquela manhã de sábado, com Marcus ainda abalado com o novo cenário que presenciara. O médico plantonista, ao chegar próximo de Gabriel e observar por alguns segundos o prontuário médico, perguntou à enfermeira em voz alta:

— E essa criança? Está em coma há quanto tempo?

Marcus, que até então imaginara que o filho estivesse apenas em coma induzido, conforme acontecera na primeira vez, respondeu quase instintivamente, sem pensar direito nas palavras que proferia:

— Não, doutor, ele está em coma induzido.

Ao que o médico treplicou de pronto:

— Não, não. Ele está em coma mesmo.

Aquela correção, dita daquele jeito, sem preparo prévio, sem um diálogo confortador antes ou depois, num tom tranquilo e indiferente que só tornava tudo mais agressivo, "bateu pesado" em Marcus, conforme suas próprias palavras. Ele mal conseguia acreditar no que escutava, e de repente olhou de forma ainda mais apavorada em direção ao filho.

Foi quando a coisa apertou para Marcus:

— Era uma cena chocante, de fato. Muito diferente de tudo o que tínhamos vivido até então — relembraria ele.

Pouco depois, ainda pensando naquele primeiro dia de retorno à UTI, ele completaria:

— Eu estava esgotado. Era como se eu tivesse corrido uma maratona. E só tivesse conseguido chegar ao fim do percurso porque, na hora do cansaço extremo, eu soubesse que a prova já estava acabando. Mas, logo depois de cruzar a linha de chegada, em meio a todo o esgotamento físico e mental, eu fosse informado de repente de que precisaria correr uma nova maratona, ainda mais extenuante.

Era um sentimento de fato devastador. Mas não havia muito o que fazer. Ele seguiu ali, ao lado do filho, vendo o sábado passar lentamente em meio a pensamentos confusos.

À tarde, Ana Cláudia fez sua visita diária à UTI. Observou tudo o que julgava importante. Depois, voltou-se para o sobrinho. Ensinou-lhe como observar, em todo aquele maquinário, os batimentos cardíacos e a frequência respiratória. Ensinou-lhe também até quanto cada um poderia ir para mais ou para menos. E recomendou chamar imediatamente a enfermeira sempre que esses limites chegassem perto de serem ultrapassados.

Eram informações importantes. Que seriam repassadas a todos aqueles que eventualmente também ficassem como acompanhante de Gabriel. E que de certa forma podem ter ajudado a salvar a vida do menino. Porque, a partir dali, sempre que a situação ficasse mais crítica, o tempo de resposta seria diminuído graças a essas intervenções.

Em meio a todo esse papo, Ana Cláudia se ofereceu para dormir com Gabriel naquela noite, no que foi prontamente atendida. O fato é que Suelene tinha apresentado naquele sábado, depois da devastadora noite anterior, um pouco de tosse e coriza, de forma que fora automaticamente vetada pelos médicos de seguir frequentando a UTI enquanto não melhorasse.

Ademais, a tia de Marcus lembrou que no domingo pela manhã, bem cedo, teria que estar no Hospital da Unimed para trabalhar, por isso não lhe custaria nada já acordar por lá.

Em todo caso, a presença de Ana Cláudia na UTI, naquele reinício de internação, tinha sua carga de importância. Afinal, tratava-se de uma médica com experiência em terapia intensiva passando a noite com Gabriel num momento em que ele vivia uma fase tão delicada e grave.

Estava decidido. Ana Cláudia iria para casa e depois voltaria. Mas, antes da mudança de plantão, Christian Diniz apareceria na UTI, ainda no fim da tarde, para conversar com Marcus e para tentar acalmá-lo.

O pai de Gabriel ligara para Christian tão logo soubera da condição de coma do filho, e o médico estava ali para tentar confortá-lo, para dizer que seria feito de tudo para tirar o menino daquela condição, para que ele soubesse que, mesmo o caso sendo grave, ninguém estava ali para desistir.

Era um papo muito mais amigável do que médico. Mas que, de certa forma, funcionou, ajudou a acalmar Marcus, a tranquilizá-lo um pouco mais, a mostrar-lhe que todos precisavam se manter sãos para seguirem fazendo o que precisaria ser feito para salvar a vida de Gabriel.

Christian foi embora. Tempos depois, Ana Cláudia voltou em definitivo para render o sobrinho. E, quando Marcus deixou a UTI, saiu com a consciência de que a partir dali era tudo uma incógnita. Não se sabia de nada, nem mesmo quanto tempo aquilo poderia durar.

Marcus, pois, se juntou a Yanna e foi ficar um pouco com Rafael, o filho mais novo, que também precisava de um pouco de colo e de atenção.

Naquela mesma noite, Gabriel precisaria uma vez mais trocar o dreno, que entupira novamente. Em certos aspectos, por sinal, foi até positivo seu pai estar longe da UTI naquele momento.

No domingo, contudo, a rotina do dia anterior seria retomada. Yanna continuava amargurada porque só na segunda-feira poderia voltar ao hospital. E, nesse meio-tempo, seguia sofrendo enormemente por se ver longe do filho.

Marcus, por sua vez, foi novamente bem cedo para a UTI. Passou o dia. O quadro seguia inalterado. O coma, ainda profundo. O risco de morte iminente persistia.

Não tinha muito o que fazer: rezava o terço quando sentia necessidade, dialogava com o mundo exterior pelo WhatsApp quando era preciso, analisava os monitores e os parâmetros de tempos em tempos, observava a movimentação de médicos, enfermeiros, fisioterapeutas.

No início da noite, encontrou amparo na TV, que começou a transmitir Corinthians e Fluminense, pela 33ª rodada do Campeonato Brasileiro daquele ano. Ele lembraria com clareza que o rival do Flu era o Timão porque o acompanhante de outra criança era corintiano, e isso os uniu de certa forma.

Por algum tempo, ambos assistiram juntos ao jogo, tentando minimamente esquecer as histórias que levaram cada um deles até ali. Tentando esquecer a dor que era assistir ao jogo sem a companhia enérgica dos respectivos filhos. E, no fim, 1 a 0 para o Corinthians.

Naquele mesmo dia, Gabriel foi colocado de volta no leito isolado da UTI pouco depois de ser liberado, conforme estava previsto desde a sexta-feira. De forma que, quando começou a se aproximar o horário do segundo pernoite, o menino já estava instalado no mesmo leito de sua primeira passagem por aquela sala quadrada.

A propósito, quem dormiria daquela vez seria Luciana, a então cunhada. Ela tinha certa experiência em cuidar de pessoas enfermas por causa da atenção que dava à sua avó idosa e se oferecera para ajudar.

Antes de sair de casa, contudo, Yanna lhe questionara num tom que tinha um quê de advertência:

— Você não vai se impressionar com ele entubado?

Luciana balançou a cabeça negativamente, tentando demonstrar força, tentando tranquilizar a mãe de Gabriel. Não estava sendo totalmente honesta, no fim das contas. Na verdade, ela nunca antes tinha visto uma pessoa entubada, não sabia como reagiria num primeiro momento, mas imaginava ser capaz de aguentar o tranco. E, mais do que isso, queria ser útil, queria colaborar de alguma forma, queria estar presente num momento difícil como aquele.

Chegou à UTI perto das dez da noite, como fora combinado com Marcus. Este, ao recebê-la, repassou as explicações sobre quais parâmetros precisava observar. Ela tomou nota mentalmente, despediu-se, e ficou só com o sobrinho.

Não deixou de se assustar um pouco. Mas, conforme esperava de si mesma, aguentou bem. Aprumou-se na poltrona, olhou para Gabriel, para os monitores, e lá ficou acordada pelo resto da noite.

Num frio quase insuportável, apesar de todos os agasalhos que usava. Mas com uma resiliência e dedicação tocantes.

— Eu passei a noite ali sem ter muito o que fazer. Acordada, sentindo frio, olhando para Gabriel — recordaria Luciana.

Naquele momento, ela não sabia que o menino estava em coma. Então encarava a situação como se ele estivesse dormindo, como se estivesse sedado, descansando. Era uma imagem que, de toda forma, a ajudava a passar o tempo sem sofrer tanto.

Um tipo de paz, a propósito, que Yanna ainda não tinha. Enquanto tanta gente passava pela UTI, ela seguia longe, e isso a atormentava. Naquele mesmo domingo, a propósito, ela iria com a família à missa. Para espairecer um pouco, amenizar a angústia, rezar por Gabriel e por todos os que o cercavam naquele momento. Na segunda-feira bem cedo seria a sua vez de finalmente voltar a vê-lo.

O menino resistira bravamente ao seu primeiro final de semana de coma profundo e quadro clínico gravíssimo. Haveria de resistir até Yanna tê-lo mais uma vez ao seu alcance, aos seus cuidados, sob a proteção de seu amor.

12
A VIDA POR UM TRIZ

Não eram nem sete horas da manhã de segunda-feira. Yanna finalmente estava livre de sua dolorosa quarentena, que a impedira de ter seu filho por perto desde o início da tarde de sexta-feira, quando segurara precariamente o menino semimorto no banco de trás de um carro. Logo, era mais do que justificável toda a sua pressa. Não eram nem sete horas da manhã e ela já estava lá na porta da UTI, com uma ansiedade tremenda de reencontrar o seu garoto.

Era o dia 11 de novembro. Quarto dia de retorno à UTI segundo a contagem do hospital, que incluía a sexta-feira em que o menino passara mais tempo no bloco cirúrgico do que necessariamente onde estava naquele momento.

Gabriel passara um final de semana muito precário do ponto de vista clínico, e isso seria notado de pronto por Yanna. Afora as mesmas questões que os demais também notaram, como a cabeça completamente raspada, o dreno e a bolsa de sangue, ela já perceberia uma magreza que saltava aos seus olhos. O menino definhava a cada dia. E ela não pôde deixar de notar isso.

O quadro era de fato grave. E se agravava ainda mais com o passar dos dias. O fisioterapeuta Assis Neto, que trabalhava naquela UTI e acompanhou o caso de Gabriel de perto desde o seu retorno, é um dos que atestariam a situação realmente crítica na qual o menino de oito anos se encontrava.

— A gente viu ele morrendo na sexta-feira. Mas, sabe-se lá como, ele não morreu. Então aqueles primeiros dias de UTI serviram apenas para que a gente conseguisse mantê-lo vivo. Sem perspectivas de melhoras, apenas lutando para que ele não fosse a óbito — explicaria.

Neto realizava exames diários que atestavam os parâmetros gasométricos de Gabriel, e a partir daqueles resultados tinha como analisar como andavam a qualidade da respiração e a composição de gases (como oxigênio e gás carbônico) no sangue do menino.

Paralelo a isso, o fisioterapeuta tentava realizar uma série de estímulos respiratórios em Gabriel na ânsia de perceber nele algum tipo de reação.

Os resultados, contudo, eram os piores possíveis. O menino não tinha nenhuma capacidade respiratória, por isso mantinha-se com suporte respiratório mecânico total; e não apresentava qualquer tipo de reação, por menor que fosse, o que fazia crer que ele poderia permanecer naquele quadro inalterado por meses seguidos sem apresentar melhoras.

— Existiam riscos altos de ele não acordar mais, não interagir mais, de ficar no que popularmente se chama de estado vegetativo pelo resto da vida — completaria o fisioterapeuta.

Além disso, do ponto de vista clínico, a situação não era menos grave. O dreno insistia em entupir de tempos em tempos, o que obrigava a recolocar um novo sempre que isso acontecia.

O problema é que, com os seguidos entupimentos, o local inicial em que o dreno fora colocado começou a ficar sensível demais, machucado demais, sofrido demais. Chegou um momento em que aquele acesso intracraniano já não servia mais para receber outro dreno. Seria necessário perfurar outra parte da cabeça de Gabriel, repetindo todo o trauma que aquela intervenção provocava e deixando o outro acesso extremamente machucado à espera de cicatrização.

Só que, na segunda perfuração, o processo de deterioração se repetia. Até precisar de um terceiro ponto. E depois um quarto. Um após outro. Até que, de mudança em mudança, incisão em incisão, a cabeça de Gabriel estava repleta de machucados e feridas. Todas sendo cicatrizadas lentamente enquanto mais uma incisão era feita.

É difícil dizer quantas foram realizadas. De toda forma, isso não ajudava em nada o estado geral do menino. Ao mesmo tempo, era o dreno que o ajudava a se manter vivo. Precisava estar ali, não importava quantos traumas fossem provocados. Simplesmente não era uma questão de escolha.

Rapidamente, outros problemas se somaram a esse. Em coma, com o batimento cardíaco fraquejando de tempos em tempos, a circulação sanguínea do menino não era das melhores. O sangue não circulava na intensidade que deveria e às vezes tinha dificuldade de chegar a todos os pontos do corpo.

Isso era um problema. Grave. Que era monitorado segundo a segundo. Mas que, para além disso, provocava um preocupante efeito colateral. Com pouco sangue passando pelas veias, elas começavam a ficar mais finas, mais difíceis de serem vistas, quase impossível de serem encontradas.

"Pegar a veia", no jargão médico, é conseguir introduzir a agulha dentro da veia. Seja para tirar sangue, como num exame clínico tradicional; seja para permitir que ela sirva de acesso para remédios dos mais variados, como no caso de pacientes internados numa UTI. "Perder a veia", por outro lado, nesse mesmo jargão, é quando a agulha que já tinha sido introduzida sai da veia por algum motivo, impedindo que o trabalho seja continuado.

Pois, no caso de Gabriel, esses dois jargões entravam cada vez mais em conflito. E de forma assustadoramente rápida. Porque, quanto mais fina a veia ficava, mais frequentemente ela era perdida e mais difícil era para médicos e enfermeiros pegarem uma nova.

O acesso foi inicialmente posto no braço esquerdo, depois precisou ser transferido para o braço direito e, mais adiante, passou para as mãos, onde as veias eram mais salientes. Primeiro uma, depois a outra. E, quando as duas mãos se tornaram ineficientes, o acesso foi parar no pescoço.

A cada mudança, um novo pequeno trauma, um novo hematoma arroxeado, um novo furo dolorido se somava aos demais. Deixando o corpo de Gabriel mais machucado, mais violentado, mais sofrido, mais perto da temida falência total.

Pois foi mais ou menos no meio de todo esse processo, quando ele já estava em curso, mas ainda não em seu estágio mais avançado, que Yanna chegou pela primeira vez ao leito cinco da UTI Pediátrica do Hospital da Unimed. Viu o menino naquele estado assustador. Mas, a despeito de todas as previsões, ela não chorou. Não demonstrou se abalar. Não titubeou nem vacilou.

Ao contrário do que parecia o lógico para uma mãe grávida que vê o filho mais velho num estado de quase falência total, Yanna soltou um sorriso bonito, confiante, alegre até, e falou:

— Oi, meu filhinho. Mamãe chegou. Está aqui do seu lado. Tudo bem com você?

Ela falava e o acariciava. Falava e tentava acalmá-lo. E, ao tentar acalmá-lo, acalmava-se igualmente. Numa sintonia perfeita entre mãe e filho. Como se um desse força para o outro. Como se a presença de um mantivesse automaticamente o outro bem.

Não se limitou apenas àquela frase. Continuou conversando com o filho. Contando as novidades, avisando que ele ficaria bem, narrando para ele tudo o que acontecia a sua volta, informando-lhe sempre que alguém da equipe médica chegava para fazer algo. E, mais do que isso, descrevia tudo o que era feito nele: "Meu filho, vamos lhe dar agora apenas um remedinho"; "Agora é a hora do banho, está bem?"; "Tio Neto está aqui para fazer a fisioterapia em você".

As frases eram as mais variadas, mas sempre muito doces, ditas em tom sorridente, acreditando que ele, enfim, estava lhe escutando. Indiferente a tudo o mais que acontecia e que demonstrava, a rigor, não haver motivos para esperança ou docilidades.

A febre seguia altíssima, e por isso ele era frequentemente colocado sem agasalho, sem lençol, sem nada mais em cima da cama. Colocavam-lhe também panos molhados pelo corpo miúdo, tudo para tentar diminuir na marra a temperatura elevada.

Somado a isso, remédios injetáveis fortíssimos eram aplicados a cada duas horas direto em sua corrente sanguínea; e a alimentação era igualmente dada pela veia, que, como registrado, tornava-se cada vez mais fina. Além do mais, naquela segunda-feira os exercícios de estímulo respiratório falhariam de novo, e Gabriel simplesmente seguia sem apresentar qualquer tipo de reação.

Pouco a pouco, portanto, começou-se mais uma vez a pensar numa rotina para aquele novo período de internação, assim como acontecera na primeira passagem.

Yanna, assim, passaria os dias inteiros na UTI, pois seguia proibida de dormir no local. Marcus daria todo o apoio à esposa durante o dia e também dormiria de vez em quando. Ana Cláudia, por sua vez, dormiria principalmente nas vésperas de seus plantões diurnos, realizados no próprio hospital. E, quando Suelene se recuperasse da gripe, ela também voltaria a participar do rodízio.

O tempo passava. As más notícias se acumulavam. Na terça-feira, a situação das veias de Gabriel já era completamente penosa. Ele já tinha perdido quase todas as veias, que ficavam cada vez mais finas e inalcançáveis. E, por causa disso, marcou-se para a quarta-feira pela manhã a colocação de um Cateter Central de Inserção Periférica (PICC, na sigla em inglês).

Como as veias mais próximas da pele, em geral mais finas, estavam praticamente fechadas, a solução era fazer uma incisão na pele do paciente e, a partir dali, criar um acesso até uma veia ou uma artéria mais profunda, as quais são mais grossas e mais irrigadas. Para que assim, finalmente, a sistemática perda de veias deixasse de ser um problema.

A questão é que a explicação era simples, mas o procedimento a ser realizado, nem tanto. Yanna, inclusive, precisou assinar um Termo de Responsabilidade declarando que fora previamente informada de que se tratava de um procedimento necessário para o tratamento da patologia, mas, ao mesmo tempo, passível de insucesso por questões técnicas inerentes à rede vascular da criança. Além disso, por Gabriel estar em coma, tudo precisaria ser feito sem o uso de anestesias.

Assim foi feito. O procedimento foi realizado na própria UTI, iniciado às 10h30, com Yanna se negando a sair do local e fazendo questão de acompanhar todo o trabalho.

A colocação do cateter durou uma hora e meia. Yanna conversando a cada momento com o filho. E, sem que ninguém soubesse ao certo o nível de sensibilidade e de dor que a criança sentia naquele momento, fez-se uma incisão nele, com um bisturi, abaixo da axila esquerda e abriu-se caminho até a veia cefálica. Inserindo, a partir do corte, o acesso para os medicamentos, que dessa vez chegaria bem mais fundo. Foram 26 centímetros de cateter introduzido e mais dezoito centímetros salientes para fora do corpo, num total de 44 centímetros.

No prontuário médico, seria registrado que o procedimento havia sido realizado em meio a dificuldades de introdução e de progressão do cateter, com a necessidade de um curativo de sete centímetros quadrados na pele do garoto. Mas, ao meio-dia, quando aquele trabalho foi finalizado, foi considerado um sucesso para o tratamento médico em curso.

Era o sexto dia de retorno à UTI. Era também um problema a menos com que se preocupar, de inúmeros outros que ainda estavam na lista e que eram igualmente graves. Sem, contudo, possibilidades de solução imediata.

E um dos mais graves era o fato de que, naqueles primeiros dias, a bactéria ainda não dava sinais de retrocesso, o que indicava que, enquanto ela estivesse instalada na cabeça de Gabriel, prosseguiria destruindo tecido cerebral, o que aumentava enormemente a possibilidade de sequelas para o futuro.

Isso, claro, se o menino saísse com vida dali. E sair com vida daquele hospital era uma possibilidade na qual os médicos acreditavam cada vez menos.

Yanna, contudo, seguia indiferente aos prognósticos. Continuava sorridente. Continuava amável com todos que adentravam aquele leito isolado. Continuava acreditando que era só questão de tempo para tudo voltar a ser como era antes.

Neto contaria depois que se surpreendeu enormemente com aquela mulher. Ele já conhecia Marcus e Yanna de antes do hospital por meio de um amigo em comum, mas era uma amizade distante, sem tantos encontros ou proximidades. De forma que ver aquela mãe com aquela força foi algo que lhe marcaria para sempre.

O fisioterapeuta enfatizaria, inclusive, que não raro foi ela, a mãe, quem consolou a equipe de saúde. Era ela quem mostrava que, afinal, valia a pena continuar tentando.

De acordo com Neto, os seguidos testes diários continuavam a demonstrar total falta de reação. Gabriel seguia com um quadro de ausência total de resposta motora e absoluta falta de esboços de reação. Era, em resumo, uma situação que não fazia ninguém nutrir esperanças. Mas isso durava apenas até reencontrar com Yanna:

— Todo mundo na UTI sabia da gravidade do caso. Não havia perspectiva nenhuma. Mas, ainda assim, aquela mãe tinha uma fé em Deus que era surpreendente. Quando a gente precisava entrar no isolamento, às vezes não tinha coragem de encará-la. Porque a gente sabia que a situação era devastadora, no entanto, era sempre recebido com um sorriso, com um cumprimento amigo, com uma palavra de carinho. Não foram raras as vezes que vi profissionais de saúde deixarem aquele isolamento e irem direto para fora da UTI. Saíam para chorar, completamente emocionados, longe da vista daquela mãe.

O depoimento é de fato comovente. Forte. E recorrente. Christian Diniz é outro que falaria sobre o assunto:

— Eu nunca vi Yanna abatida em todo aquele período. A força que aquela mãe tinha era impressionante. Ela grávida. Mas todo dia lá. Falando, incentivando e conversando no ouvido de Gabriel, mesmo com ele em coma.

As tias médicas, os enfermeiros, os demais funcionários atendentes daquela UTI, todos repetiriam depoimentos parecidos. Porque não era só fé que Yanna tinha, era uma fé inabalável justo num momento de total descrença da equipe multidisciplinar que atuava diariamente naquela Unidade de Terapia Intensiva.

Os primeiros quinze dias seriam absurdamente trágicos. Aquele era o prazo em que Gabriel poderia ficar entubado. Depois desse período, para evitar danos irreparáveis à traqueia, que era deslocada para o lado com a passagem do tubo, seria necessário realizar uma traqueostomia. Portanto, era uma corrida contra o tempo. Contra a data inadiável de 22 de novembro, dia-limite para ocorrer aquele procedimento que poderia tornar tudo ainda mais irreversível na vida do menino, que naquele momento seguia por um triz.

A vida na UTI, quando permanecia inalterada, era comemorada. Porque as mudanças costumavam ser sempre para pior. E do lado de fora a situação não era muito melhor.

Marcus, o avô, quase não tinha mais vida. Só sabia chorar, sofrer, se amargurar. Estava numa situação tal de desolamento, que o próprio filho homônimo começou a se preocupar. Era preciso fazer alguma coisa para salvá-lo. E o filho mais velho sabia bem qual seria a solução.

Antes de todo o problema de saúde, Daniel e o pai tinham comprado ingressos para assistir a um show do Eagles em Orlando, nos Estados Unidos. Era uma das bandas preferidas dos dois, e assistir a um show daquele grupo de rock era um sonho de juventude do avô de Gabriel.

Com tudo aquilo acontecendo, todavia, ele desistira de viajar porque o voo estava marcado para a semana seguinte, dia 19 de novembro, em pleno período de internação do neto.

Kiko, entretanto, formulara um plano. E começou a tentar convencer o pai e o irmão a viajarem, levando junto as respectivas esposas, com o pretexto de fazer o enxoval de Davi, o filho que Yanna levava na barriga e sobre cuja chegada ainda não tivera tempo de pensar.

No fim das contas, os quatro de fato viajariam para os Estados Unidos, passariam por lá exatos sete dias e o avô de Gabriel seria retirado de João Pessoa justo na semana mais crítica do neto, durante a qual o menino mais chegou perto do colapso total.

— Painho não queria viajar de jeito nenhum. Mas eu menti. Disse que Gabriel estava melhorando e ele acabou aceitando ir. Não deve ter aproveitado muito a viagem, mas foi melhor assim. Não sei se meu pai teria sobrevivido se tivesse vivido toda aquela semana por aqui — ponderaria Kiko.

Daniel, que agiu um pouco como cúmplice do irmão, confirmaria que a viagem não foi nada boa. Mas serviu para tirar um pouco o pai daquela rotina sofrida. E serviu também, ao menos, para ambos assistirem, no dia 23 de novembro, àquele que seria o penúltimo show da história do Eagles, que se dissolveria dois anos depois, quando o líder e fundador Glenn Frey morreria de repente.

Mas volte-se por ora à semana anterior, ainda naqueles dias que se sucederam à colocação do PICC. Salete, Ana Cláudia, Heloísa e Christian eram quatro dos médicos que seguiam visitando diariamente a UTI onde estava Gabriel. Junto deles, havia a médica responsável pela UTI, Janine Alencar, e toda a equipe multidisciplinar da Unidade. O menino estava bem assistido, mas ainda assim o quadro seguia desolador.

Lá pela quinta-feira, 14 de novembro, Gabriel começou a inchar. Era mais uma situação desesperadora. Era o indício inicial de que órgãos como os rins e os pulmões estavam parando de funcionar. Era o início do que parecia ser a chamada falência múltipla de órgãos. Algo que era quase um prenúncio para a morte definitiva.

Naquele mesmo dia, os pais de Gabriel foram chamados para participarem juntos de uma oração. Aceitaram o convite. E deixaram Luciana como substituta no posto de acompanhante.

Marcus creditaria fortemente a Deus a saída de ambos da UTI naquele início de noite. Porque, justo quando estavam participando da oração num bairro afastado de João Pessoa onde não tinha sinal de celular, Gabriel teve uma queda repentina nos batimentos cardíacos, chegando a registrar meras vinte batidas por minuto.

Luciana ficou desesperada. Gritou pelas enfermeiras, que correram para estabilizar a situação. Ela tentou ligar para os pais do menino, mas sem sucesso. E, quando finalmente conseguiu falar com eles, a situação já estava normalizada. Poupando Yanna de um susto mais forte que poderia afetar o filho em sua barriga.

— Eu estava na UTI observando Gabriel e os monitores, como sempre fazia. De repente, soou um alarme alto, agudo, assustador. Eu fiquei desesperada e gritei pelas enfermeiras. Elas correram e conseguiram estabilizar Gabriel depois de um tempo, mas eu não parei mais de tremer naquele dia — relataria Luciana sobre o incidente.

Quem também lembraria daquela noite é Heloísa. Ela chegaria a dizer que, naquela época, muitas vezes fraquejou ao observar Gabriel em estado gravíssimo, mas ao mesmo tempo se sentia confortada ao dar apoio e passar segurança àquela família. Não raro, portanto, visitava a UTI várias vezes num mesmo dia, o que teria proporcionado uma sintonia muito forte entre Yanna e ela.

Pois justo naquela quinta-feira a pediatra contaria que estava indo a uma missa quando sentiu dentro de si que precisava ver Gabriel no hospital. Deu meia-volta e chegou à UTI a tempo de acompanhar os procedimentos realizados no menino para conter a queda repentina dos batimentos cardíacos. A tempo também de tranquilizar Luciana e Yanna quando finalmente a então cunhada conseguisse falar com ela.

Mas o quadro, no fim das contas, continuou a se agravar na sexta-feira. De forma que no sábado, quando Suelene finalmente estava novamente recuperada da gripe e avisou à filha por mensagem de texto que queria voltar a dormir com o neto na UTI, ela foi preparada por Yanna de forma melancólica:

— Mãe, você está bem? Quer mesmo voltar? Então você vai dormir hoje à noite com ele. Mas preciso lhe prevenir para você não se aperrear. Porque Gabriel não parece mais Gabriel. Meu filho está irreconhecível. Não parece mais o nosso Biel.

As palavras eram duras, sem dúvida, mas não em vão. Suelene chegou na noite de sábado de volta à UTI, uma semana depois da última vez em que estivera na companhia de Gabriel, e realmente presenciou uma cena completamente diferente.

— De fato, ele estava irreconhecível. Totalmente inchado. Com umas bolotas no corpo que eu não sei explicar o que era. Ele estava na fase final antes da morte — contaria Suelene, emocionada.

Eram dias críticos. E, pior, o tempo ia passando, o dia 22 ia se aproximando e nada de o garoto demonstrar algum indício de reação.

No mais, o líquido que saía da cabeça de Gabriel continuava com uma coloração que indicava a presença de pus e de sangue, na maior das provas de que a inflamação provocada pela meningite bacteriana continuava fora de controle.

Na verdade, tudo o que os remédios tinham conseguido até então, e isso mesmo só na quinta-feira, fora frear o crescimento da bactéria. Era um avanço, obviamente, mas longe de representar o fim dos estragos que ela provocava. E, com o passar do tempo, outras estratégias seriam tentadas pelos médicos.

Em todos aqueles dias, a propósito, Marcus e Yanna mal se viam. Mal se encontravam. Mal conversavam. A exceção acontecia nas trocas de plantão, ou quando o marido ia render a esposa na hora do almoço. Nesses momentos, ele entrava antes de ela sair. Yanna ficava sentada na poltrona. Ele se esquivava para a escadinha ao lado do leito. E conseguiam ficar juntos por ali em torno de trinta minutos. Em geral, rezavam. Juntos, pediam a Deus discernimento, pediam igualmente o melhor pelo filho de ambos.

Eram momentos de paz e de perseverança. Momentos em que reforçavam a fé que possuíam, essencial para seguirem acreditando num improvável desfecho positivo.

Certa vez, inclusive, Marcus apareceu completamente emocionado. Escutara de repente uma música religiosa, chamada "Meu Barquinho", e viu sua família naquela composição. Colocou a música para tocar no celular. Numa altura que não atrapalhasse os demais, mas que fosse suficiente para que ambos pudessem ouvi-la e que o som chegasse também a Gabriel.

Foi um encontro renovador. Reconfortante. Pacificador. Ambos choraram, olhares cúmplices um para o outro, com um misto de medo do desconhecido e certeza das providências e do poder de Deus.

Aquela música passaria a ser uma espécie de trilha sonora daquele casal na UTI. Colocada sempre que precisavam de um pouco de energia espiritual. Colocada também próxima do ouvido de Gabriel sempre que algum profissional de saúde entrava no isolamento para dar notícias negativas ou duras sobre o caso.

Certa ou errada, Yanna estava convencida de que Gabriel poderia ouvi-los, e não deixaria de jeito nenhum que ele captasse algo que fosse duro demais. Quando não era ela conversando, quando não era algo de bom para se escutar, ela pegava um aparelho de telefone celular específico para aquele fim, que fora totalmente esterilizado, e colocava-o tocando a música do "barquinho de Nazaré" bem próximo ao ouvido do menino.

***

Domingo, 17 de novembro de 2013, décimo dia de coma. Décimo dia de tubo sem reações e sem perspectivas de melhora.

Naquele dia, contudo, Neto finalmente conseguiria um avanço significativo do ponto de vista fisioterápico, mas ainda insuficiente para acreditar ser possível retirar o tubo e fazer com que o menino respirasse sem a ajuda dos aparelhos.

Em meio aos exercícios diários, nos quais ele fazia alongamento no menino desacordado para evitar um atrofiamento ainda mais severo dos músculos e das articulações, e em meio aos testes que se seguiam, Neto enfim conseguiu fazer com que Gabriel abrisse os olhos de repente. Era um olhar perdido, vazio, sem vida, mas aquele não deixava de ser um avanço, chamado oficialmente de "abertura ocular espontânea".

Em paralelo aos exercícios, Neto já vinha realizando há vários dias o que se chama de Teste de Respiração Espontânea (TRE), quando se desliga o modo de respiração automática da máquina que realizava a função mecanicamente e se observa se o paciente assume a respiração espontaneamente.

Como isso seguidamente não acontecia, a máquina acusava a apneia e, rapidamente, voltava ao que era antes. A diferença, no entanto, era que até então Gabriel não apresentava nenhuma porcentagem de respiração espontânea, de forma que 100% do ar que entrava nos seus pulmões era produzido pelo equipamento.

Mais ou menos naquele mesmo período, contudo, a coisa mudou sensivelmente. Quando o modo de respiração automática foi desligado, Gabriel puxou um pouco de ar. Mínimo, insuficiente para respirar sozinho, mas puxou. O equipamento disparou logo em seguida, acusou a apneia, a respiração mecânica foi reativada de pronto, mas Neto não deixou de comemorar aquela vitória quase inexistente.

Ainda assim, aquelas reações extremamente discretas poderiam não significar nada. E, numa escala de probabilidade, àquela altura a traqueostomia era quase uma certeza.

Foi justo naquele domingo, aliás, que a equipe multidisciplinar começou a conversar sobre o assunto. O prazo limite seria a sexta-feira seguinte, e mais do que nunca seria necessário dialogar sobre todas as possibilidades de tratamento e de intervenção médica.

Isso era extremamente importante. Até porque, na segunda-feira, o quadro geral de Gabriel pioraria bastante. Justo no dia seguinte das primeiras reações apresentadas, ele chegaria perto do ponto mais absurdamente crítico.

O menino, pois, amanheceu com as vias respiratórias quase que totalmente obstruídas, ainda mais inchado e sem urinar. O processo de falência múltipla de órgãos, que fora iniciado na semana anterior, chegava ao seu ápice.

Quem primeiro percebeu o problema foi Ana Cláudia. Ela chegara antes das seis da manhã na UTI, viu a situação de Gabriel e conseguiu enxergar um quadro que ia além do que era possível ser visto por Suelene, que não era médica e dormira na UTI naquela noite que se encerrava.

— Esse pulmão vai fechar a qualquer momento — assustou-se Ana Cláudia, conversando com uma fisioterapeuta que chegava para iniciar o seu plantão.

Os exercícios fisioterápicos foram iniciados imediatamente e seguiriam ao longo de todo o dia. À tarde, inclusive, quando Neto chegasse para cumprir a sua própria jornada de trabalho, continuaria a realizar exercícios parecidos. O fim parecia próximo, mas eles tentavam evitá-lo a todo custo.

Ana Cláudia é quem se lembraria de forma mais intensa daquele dia:

— Os médicos da UTI já achavam há alguns dias que Gabriel não iria resistir, que ele iria morrer. Eu, talvez por ser família, mantive as esperanças por mais tempo. Mas naquele dia eu fiquei arrasada. Naquela segunda-feira, eu tive a impressão de que ele não chegaria ao dia seguinte.

Mas os trabalhos fisioterápicos surtiram um efeito mínimo. À tarde, ele estava melhor. Os órgãos funcionavam de forma mais eficiente. Neto respirava aliviado. Yanna soltava o seu sorriso típico no melhor estilo "eu já sabia que tudo ia dar certo" que lhe era peculiar.

Na terça-feira, no entanto, a história se repetia. Gabriel voltava a amanhecer completamente inchado, quadro característico da iminente falência que lhe ameaçava nos últimos dias.

A situação, de certa forma, começou a incomodar alguns profissionais da unidade hospitalar. Tudo indicava que Gabriel morreria a qualquer momento, mas os pais dele, Marcus e Yanna, continuavam sorridentes, otimistas, esbanjando pensamentos positivos e uma fé inexplicável na cura total.

    Criou-se então uma espécie de comissão informal com alguns profissionais que acompanhavam o caso desde o início, encabeçada por uma médica de outro setor, amiga do casal, e que tinha consciência do quadro clínico gravíssimo daquele momento.

    Não falavam oficialmente em nome do hospital, mas ainda assim esse grupo foi até o leito de Gabriel na terça-feira, num daqueles momentos em que Marcus e Yanna estavam juntos. E, basicamente, em tom educado e amistoso, fraternal e sério, disseram que a situação era de fato muito grave, praticamente irreversível, e que os dois deveriam se preparar para o pior.

    Aquela comissão se reuniu, a propósito, justo no dia em que os avós e tios paternos de Gabriel viajavam para os Estados Unidos com a missão principal de proteger o avô e tirá-lo do epicentro de todo aquele caos. A viagem, pois, mostrava-se cada vez mais providencial e importante.

    De toda forma, Marcus e Yanna tinham seus próprios dramas para enfrentar. Aquela conversa era um duro golpe em ambos, e eles ainda tinham que entender como lidariam com tudo aquilo.

    Separaram-se. Yanna, dentro da UTI, recolheu-se em suas orações. Em suas conversas com Deus e com Gabriel. E pouco a pouco foi retomando a força para lutar.

    Marcus, por sua vez, pegou o carro e começou a dirigir meio sem direção. Até que se lembrou da Comunidade Maná, um espaço sempre tão importante para aquela família.

    Foi até lá mesmo sabendo que a encontraria fechada. Ligou para uma tia que conhecia de perto os coordenadores daquela casa de oração e pediu sua ajuda, até que conseguiu autorização para usar o espaço.

    Entrou. Foi parar diante de um altar onde se encontravam as imagens de Jesus Cristo e de Nossa Senhora. Ajoelhou-se, chorando. E ali ficou prostrado. Rezando, refletindo, pedindo, desejando, sonhando. Foi tomado da mesma força que Yanna sentira. Não desistiriam daquele jeito.

À noite, os dois voltariam a se encontrar. Conversariam. E descobririam que, cada um ao seu modo, mesmo sem combinar, haviam chegado à mesma conclusão: seguir com fé de que tudo no fim daria certo.

Na quarta-feira, portanto, a despeito da pancada no dia anterior, estavam novamente ali, sorridentes, acreditando na cura do filho, na melhora daquele estado de saúde gravíssimo, recebendo a equipe médica com palavras meigas e olhares ternos e acolhedores.

Foram tomados como loucos por alguns. Outros acreditavam que eles estavam vivendo uma fase de negação. Reuniram então uma nova equipe, foram mais uma vez até eles na quarta-feira e repetiram a conversa de forma até mais direta de que dificilmente Gabriel sairia vivo dali.

A história se repetiria da mesma forma. Marcus voltou à Maná, Yanna pôs-se a rezar. À noite, mais uma vez, renovariam os votos de seguirem tentando, acreditando, com fé.

Mais ou menos na mesma época, um episódio parecido foi registrado com Suelene à noite. Ela ainda hoje jura ter visto a mão de Gabriel mexendo um pouco. Gritou pelas enfermeiras. Quando elas chegaram e souberam do que se tratava, disseram que tudo não passara de impressão, de imaginação. Que aquilo era impossível, visto que ele estava em coma profundo. E depois, ao se afastarem, Suelene perceberia uma comentar com a outra, pesarosa, quando já achava que não poderia ser ouvida:

— Coitada dessa avó, ainda tem esperanças de que essa criança sobreviva.

Suelene não resistiu. Rebateu docilmente:

— Aguardem, vocês ainda vão assistir a um milagre acontecendo aqui.

O que todo aquele pessoal ainda não sabia era que as médicas da UTI começavam a ensaiar uma nova estratégia, completamente arriscada e provavelmente inócua, que mais parecia uma última tentativa desesperada de salvar a vida do menino.

Elas queriam aplicar albumina injetável em Gabriel, o que geraria um aumento repentino no nível de proteína no sangue do menino e talvez fosse suficiente para fazer os órgãos voltarem a funcionar adequadamente.

O problema era que aquele tratamento estava em desuso há algum tempo — justo pelo baixo índice de sucesso, mas naquela altura não restavam mais muitas opções.

Resolveram tentar, mas antes conversaram com os pais do menino. Falaram dos riscos de o novo tratamento não funcionar e pediram para que um dos responsáveis assinasse um Termo de Responsabilidade se dizendo ciente da alta taxa de ineficiência daquela medicação.

Marcus assinou, depositando toda a confiança no corpo médico. A albumina foi injetada. Foram duas ou três doses em certos intervalos de tempo. Que, no limite do tempo e das possibilidades, contra muitas previsões, começaram a surtir efeito.

Gabriel começou a desinchar, os órgãos voltaram a funcionar melhor e, em paralelo a isso, os antibióticos começaram finalmente a reduzir os efeitos da meningite bacteriana.

Em pouco tempo, o menino aumentaria em alguns importantes pontos percentuais as suas chances de sair dali com vida. Seguia grave, mas enfim estável. Isso era bom, obviamente. Mas ainda faltava saber de todo o resto: se sairia do coma um dia, se ficaria com sequelas irreversíveis, se deixaria de viver de forma vegetativa como vivia naquele momento. E, o que era mais importante naquela semana, se precisariam ou não fazer nele a tão temida traqueostomia.

O prazo estava cada vez mais no limite e não havia tempo a perder. A decisão sobre um ou outro procedimento poderia definir a vida do menino, para o bem ou para o mal. E, por isso, não seria nunca uma decisão individual.

Ao contrário, geraria divergências e embates clínicos dos mais complexos, sempre cercados por incertezas. E, de quebra, culminaria numa série de acontecimentos extraordinários e numa decisão final sendo tomada apenas aos 45 minutos do segundo tempo.

13
OPERAÇÃO DE GUERRA

Afinal, Gabriel tinha ou não tinha condições de respirar sozinho, por conta própria, sem a ajuda de aparelhos, sem precisar do tubo?

Essa era a pergunta central que era repetida e debatida entre médicos e fisioterapeutas da UTI Pediátrica do Hospital da Unimed naqueles dias que antecediam a sexta-feira, dia 22 de novembro de 2013.

Por um lado, Gabriel já conseguia, minimamente, puxar um pouco de ar, e isso não deixava de ser animador. Por outro lado, a quantidade de ar que ele conseguia puxar era completamente insuficiente naquele momento para garantir que ele assumiria o trabalho de respiração quando fosse obrigado a isso.

Tinha outro agravante. Ele seguia em coma, sem perspectivas de melhora, sem perspectivas de voltar à consciência. E, ainda mais perigoso, cada tentativa malsucedida de retirar o tubo acarretaria um aumento de 2% nas chances de óbito. Pode parecer um índice pequeno, mas, para uma criança que já estava no limite entre a vida e a morte, aquilo poderia ser decisivo.

Basicamente, eram duas as opções: a primeira, mais segura, era simplesmente fazer a traqueostomia e só retirar o tubo quando esta estivesse finalizada e estabilizada; a segunda era tirar o tubo e ver se Gabriel, literalmente, voltava a respirar no tranco, no momento de necessidade criada pela falta de ar. Caso isso não desse certo, ele precisaria ser reentubado às pressas e a traqueostomia seria enfim realizada no dia seguinte.

Existiam argumentos positivos e negativos para defender uma e outra tese.

Quem defendia a traqueostomia lembrava que as seguidas repetições do Teste de Respiração Espontânea ainda não davam nenhuma segurança de sucesso na retirada do tubo. E o nível de consciência de Gabriel, para piorar, era desolador, o que dificultava a crença de que ele poderia voltar a respirar espontaneamente.

Já quem defendia a tentativa de retirada do tubo antes da traqueostomia argumentava que as melhoras, apesar de mínimas, não poderiam ser desconsideradas. E, depois, a traqueostomia provocaria a perda de toda a função de proteção do corpo, principalmente das vias aéreas, aumentando o risco de contaminação.

Havia ainda o risco de Gabriel começar a se acomodar na ventilação mecânica, entrando num ciclo de perda de força muscular que lhe impediria de conseguir, no futuro, sair do suporte ventilatório.

O neurologista Christian Diniz e o fisioterapeuta Assis Neto eram favoráveis à tese de tentar tirar o tubo antes de qualquer procedimento definitivo, mas havia outra médica e outra fisioterapeuta que achavam mais prudente realizar logo a traqueostomia.

Por Gabriel estar, naquele momento, internado na UTI e sob responsabilidade da equipe daquele setor, contudo, caberia a Janine Alencar, a chefe da UTI, o voto de minerva sobre a decisão definitiva com relação a tudo aquilo. Ela, no entanto, ao menos a princípio, parecia mais inclinada a realizar a traqueostomia, e de fato chegou a marcá-la para a tarde de sexta-feira.

Mas Christian Diniz conseguiria, ao menos, convencer Janine a realizar uma ressonância magnética na cabeça de Gabriel. A estratégia era simples: ele queria provar com aquele exame de imagem que as funções cerebrais responsáveis pela respiração não tinham sido afetadas ou destruídas pela meningite bacteriana, de forma que, ao menos do ponto de vista neurológico, ele teria possibilidades de retomar a respiração caso o tubo fosse retirado.

Na verdade, Christian estava convencido de que a vida de Gabriel começaria a melhorar rapidamente no exato momento em que eles conseguissem tirar aquele tubo de sua garganta, e estava empenhado em conseguir isso sem colocar a vida do menino em risco.

Havia, contudo, um problema dos mais complicados. Naquela época, o Hospital da Unimed ainda não possuía em suas dependências um equipamento de ressonância magnética. Então, para que o exame fosse realizado, seria preciso levar o menino até o Cedrul, uma clínica de exames de imagens localizada na avenida Ruy Carneiro, que ficava a pouco mais de três quilômetros de distância do hospital.

Seria uma verdadeira operação de guerra. A transferência foi agendada para perto das sete da noite da quinta-feira, 21 de novembro, véspera da data para a qual já estava marcada a traqueostomia.

Ele seria levado de ambulância para o Cedrul. Deixado lá para fazer os exames e, naquele meio-tempo, a ambulância teria que voltar ao hospital para trocar a equipe plantonista. Seria essa nova equipe, portanto, que pegaria Gabriel na clínica e o levaria de volta à unidade hospitalar.

Não era por acaso aquele horário escolhido. Seria um momento em que a clínica ainda estava aberta, mas sem tanta movimentação. Isso era essencial. Gabriel seguia sem poder ter contato com muita gente para evitar eventuais complicações e contaminações.

Ainda assim, na hora marcada, toda uma comitiva familiar estava a postos na porta do Hospital da Unimed com o objetivo específico de ver Gabriel e minimizar um pouco a saudade que estavam do menino.

A maioria era do lado da família de Yanna: o irmão Roussean, a cunhada Déborah, o tio Cordeiro, por exemplo. Todos sabiam que aquela rápida transferência seria um raro momento de poder vê-lo fora da UTI. Era uma forma também de dar apoio a Marcus e a Yanna (que também acompanhariam todo o exame), mas em pouco tempo eles perceberiam que aquela não fora uma boa ideia.

Quando a ambulância deixou o hospital com a sirene ligada, estridente, cortando as ruas da cidade, todos em seus carros acompanharam de perto o veículo. Marcus, inclusive, lembraria de forma especialmente forte daquele dia:

— Foi uma cena chocante, um percurso horripilante, um momento de fato assustador — falaria ele sobre o caminho, sobre o dia em que perseguiu a ambulância que levava em altíssima velocidade o seu filho em coma.

Ao chegarem ao Cedrul, no entanto, todos já focavam no objetivo seguinte. Estacionaram rapidamente, saíram dos respectivos veículos e ficaram a postos, em algum ponto daquele que seria o caminho da maca com Gabriel entre a ambulância e o interior da clínica.

A questão é que, por mais bem-intencionados que estivessem, nenhum deles estava de fato preparado para o que iriam ver. Quando a porta traseira da ambulância se abriu, viu-se uma maca repleta de equipamentos com um menino entubado, careca, com dreno na cabeça e com essa mesma cabeça repleta de ferimentos, extremamente magro e definhado, aparentemente morto, sem mexer um único músculo, sem nenhum tipo de reação mínima.

Era uma cena à qual quem teve acesso à UTI nas duas semanas anteriores acabara se acostumando. Mas quem não via Gabriel desde o seu retorno ao hospital acusou imediatamente o golpe. E esse foi completamente impiedoso.

Cordeiro é um dos que lembrariam com mais ênfase daquele momento. Ele explicaria, inclusive, que até então, em suas orações e torcida por Gabriel, sempre acreditou que o sobrinho sairia daquela situação com vida, mas que passou a duvidar justo naquele dia.

— Quando tiraram a maca da ambulância e a colocaram no chão, que eu pude observá-la, eu não consegui enxergar Gabriel. Eu sabia que era ele, mas, se me perguntassem, eu não conseguia vê-lo ali. Estava deformado, o bichinho. Muito machucado, muito judiado.

Cinco anos depois, ao relembrar do que vira, Cordeiro mais uma vez falaria com voz trêmula. Diria que tentou disfarçar a pancada que recebera, mas reconheceria que não foi totalmente convincente.

Aliás, o tio de Yanna admitiria inclusive que a ida deles para aquele encontro com Gabriel pode não ter feito tão bem aos pais do menino como eles supunham.

Cordeiro, afinal, ficou completamente destruído. E, na primeira oportunidade que teve, quando Gabriel já estava dentro da sala de exames fazendo a ressonância, ele se esquivou, encontrou uma escadaria mais afastada, que ficava num local mais reservado e longe de todo o resto do pessoal, e se sentou de repente. Ele estava com as pernas exaustas e trêmulas, o coração acelerado, os pensamentos em descompasso. Sentou-se, respirou fundo e se entregou a um pranto incontrolável.

Ele, claro, não seria o único a ter sensação semelhante. Déborah faria coro ao relatar seu assombro ao presenciar a cena:

— Aquele dia foi pesadíssimo. Quando conseguimos vê-lo, foi um choque generalizado, um silêncio coletivo. Era uma imagem fortíssima. Não sei se foi bom termos ido até lá, porque ficaram todos sem ter muita reação.

Roussean completaria:

— Não era Gabriel que estava ali. Era possível observar quase todos os ossos por baixo de sua pele. E, por mais que eu não quisesse aquilo, eu só tinha um pensamento naquela hora: "Acho que agora Gabriel vai embora".

Todas aquelas reações não passaram despercebidas pelos pais de Gabriel, obviamente. Marcus resumiria a cena sob sua perspectiva da seguinte forma:

— Era a primeira vez que a maioria deles via Gabriel depois da longa internação. E, enquanto ele ia passando de maca, as pessoas iam discretamente se afastando e escondendo os seus rostos para que a gente não os visse chorando.

Mas seria Yanna, mais uma vez, a ter a reação mais impressionante daquele dia. Cordeiro estava ainda completamente desnorteado, sem saber muito o que fazer, quando a sobrinha se aproximou dele com voz serena e carinhosa. Seria o próprio Cordeiro quem relembraria da cena:

— Aquela menina é fantástica. De uma força incrível. Ela percebeu que eu estava abalado e foi ela quem veio me confortar. Dá para acreditar? Ela chegou perto de mim e disse: "Calma, tio. Fique assim não. Vai dar tudo certo. Ele já esteve muito pior do que isso".

Afora todos aqueles sustos e choros, uma outra questão atormentaria os presentes em torno do Cedrul. A ambulância partiu para a troca da equipe plantonista e começou a demorar a retornar. Deixara Gabriel com um cilindro de oxigênio, que era consumido lentamente, e todos observavam o nível do gás num misto de nervosismo e de ansiedade, até que finalmente o veículo chegou para levá-lo de volta ao hospital.

Foi um período longo de angústia, que consumiu enormemente a todos. De forma que já eram mais de dez da noite quando enfim o menino voltava a ser colocado em segurança no leito da UTI.

O exame de imagem, por sinal, apresentaria duas informações importantes: uma excelente e uma péssima. Por um lado, Gabriel de fato não sofrera nenhum problema neurológico nas funções respiratórias e, mais do que isso, a meningite bacteriana estava finalmente regredindo numa velocidade satisfatória. Por outro lado, comprovou-se que, durante a parada cardiorrespiratória de duas semanas atrás, ele sofrera uma isquemia cerebral no lado direito do cérebro que deixara todo o seu lado esquerdo paralisado. Era possível, portanto, que, mesmo sobrevivendo, Gabriel nunca mais andasse e nunca mais pudesse jogar futebol.

Marcus ficou arrasado com a notícia. Mas aquela era uma preocupação para se ter mais à frente. Por ora, era importante lembrar que a traqueostomia continuava marcada para a tarde do dia seguinte. E, mesmo sensibilizada com as boas notícias dos exames, Janine ainda não estava absolutamente segura em autorizar a tentativa de retirada do tubo.

14
O CHORO

Aquela sexta-feira, 22 de novembro de 2013, vinha sendo aguardada havia muito tempo por todo mundo. Muito do futuro de Gabriel seria definido naquele dia específico, o décimo quinto consecutivo em que ele permanecia em coma, sem reação, sem transparecer sinais vitais satisfatórios. Mas, curiosamente, toda a simbologia daquele dia começaria bem longe do hospital.

Como acontecia todos os dias desde que Gabriel fora internado, coube a Marcus levar o filho mais novo, Rafael, para o Colégio Motiva, onde ele e Gabriel estudavam.

E todos os dias a cena se repetia. O pai fazia questão de deixar Rafael na porta da sala de aula e, para chegar na sala do filho mais novo, ambos precisavam, invariavelmente, passar pela frente da sala onde o filho mais velho estudava.

Era um momento sempre muito doído. Em que os amiguinhos de Gabriel corriam para perguntar por notícias do menino. O pai, sem notícias boas para dar, desconversava, respondia algo genérico, sorria se esforçando para que o sorriso não virasse choro.

Naquela sexta-feira, a cena se repetiu. Marcus deixou o filho na sala de aula e foi embora. Mas especificamente naquele dia ele voltou no final da manhã, ainda antes da hora de pegar o filho, para conversar com os diretores do colégio.

Pela programação da escola, aquele era o último dia que os pais dos alunos que já estudavam lá tinham para confirmar a intenção de manter os filhos no local para o ano seguinte.

Marcus, então, foi ao colégio porque queria saber da situação de Gabriel, que não frequentava a aula havia quase um mês. Soube, na conversa que teve com os diretores, que as notas do menino eram boas e, por isso, a escola resolvera passá-lo de ano. E que eventuais dificuldades provocadas pelas aulas perdidas no último bimestre poderiam ser eventualmente sanadas depois.

Foi uma conversa com alta carga de emoção. Mas, em certo momento, o pai de Gabriel disse sem titubear que queria fazer logo a matrícula de seu filho para o ano letivo de 2014.

Quando Marcus tomou essa decisão, Gabriel ainda estava em coma, em estado vegetativo, a algumas horas de fazer uma traqueostomia, com suspeitas de que nunca mais poderia andar e, além disso, sem que ninguém soubesse ao certo se sobreviveria e se um dia poderia voltar a interagir com quem quer que fosse.

O pai de Gabriel, contudo, era puro otimismo naquele momento, pura fé, pura certeza naquilo que era completamente incerto. E, em meio à longa conversa que teve, pagou a matrícula e reservou a vaga do filho para o ano seguinte.

Por estar naquela longa reunião, não podia atender o telefone celular. Nem mesmo tinha notícias do Hospital da Unimed. Perderia, portanto, todos os acontecimentos inacreditáveis que se seguiriam quase ao mesmo tempo em que ele estava na sala dos diretores do Colégio Motiva.

Assis Neto, o fisioterapeuta, ferrenho defensor da tentativa de retirar o tubo antes de se fazer a traqueostomia, chegou ao hospital e à UTI para o seu plantão por volta de meio-dia.

Conversou com a colega que ele substituiria e já naquele momento fora informado de que a traqueostomia estava confirmada para aquela tarde.

Assentiu com a cabeça, confirmando que estava ciente da decisão, e, meio desolado, começou a se preparar para iniciar seu trabalho.

Naquele momento, Janine Alencar se aproximou dele. Puxou conversa, tendo a realização da traqueostomia como tema principal:

— E aí? — ela questionou de repente, sugerindo que queria a opinião dele sobre aquela decisão.

Neto queria tentar retirar o tubo. Sabia dos riscos. Sabia que eles existiam e não eram poucos. Sabia que o menino poderia simplesmente não apresentar respiração suficiente quando o tubo fosse retirado. Sabia até que Gabriel poderia aspirar alguma secreção para o pulmão, o que aumentaria enormemente o risco de pneumonia e de agravamento do caso. Mas, achava ele, era preciso tentar, desde que tivesse o apoio da médica.

Era um turbilhão de prós e contras que ele jogava em sequência na própria mente, até que decidiu partir para a ofensiva:

— Por mim, eu tento agora a retirada do tubo.

Percebeu imediatamente o efeito que aquela frase teve. Percebeu inclusive que alguns outros profissionais chegaram a olhá-lo meio atravessado, sabe-se lá se por reprovação ou surpresa com o que falara. Janine, contudo, demonstrava a seriedade que lhe era peculiar. Não se surpreendera nem reprovara tal frase. Ao contrário, parecia pesar o que estava em jogo e o que estava prestes a ser decidido.

Neto tomou-se de coragem. Insistiu:

— Já foi tentado alguma vez?

— Não — respondeu Janine secamente.

— Então vamos dar uma chance ao menino, ora — treplicou ele.

Fez-se silêncio. Janine refletia. Era a vez dela de, aparentemente, enumerar prós e contras. Neto então deu aquela que seria a cartada final. Uma provocação que tinha uma pitada de brincadeira, mas que ao mesmo tempo era bem calculada:

— Aqui não tem médico? Então... Se der errado, você entuba de novo — declarou.

Janine acusou o golpe. Entendeu o recado imediatamente. Sabia bem o que o fisioterapeuta tentava dizer. Sabia também que a UTI era bem equipada, com bons profissionais, e teria condições de reverter um quadro de extubação malsucedida. Enfim, deu o sinal verde. Autorizou o procedimento, que seria iniciado imediatamente.

Neto voltou então toda a sua atenção a Gabriel. Ele já tinha sido informado pela mãe, Yanna, que o menino tinha uma certa sensibilidade na boca, e que não raro sentia ânsia de vômito com o simples toque da escova de dente na parte de trás da língua.

Por isso, em tudo o que Neto pensava, ele antes pesava as possibilidades de falhas. Existia uma sonda de aspiração — que seria colocada na boca de Gabriel para evitar que alguma secreção caísse no pulmão — que poderia provocar a tal ânsia de vômito.

O fisioterapeuta, então, teve a ideia de posicioná-lo no leito meio sentado e de lado para garantir que, caso ele vomitasse, o fluxo fosse para o lado de fora, em direção ao chão, livrando, assim, as vias respiratórias.

Posicionado o menino, Neto iniciou a higienização do tubo e da cavidade oral, última etapa antes de iniciar a retirada total do tubo.

Naquele momento, respeitando os procedimentos médicos, Janine estava a postos. A qualquer falha, ela seria acionada para reentubar imediatamente Gabriel. Porque qualquer tempo a mais sem respiração poderia ser um problema adicional para se acumular ao quadro clínico já grave do paciente.

Yanna, por sua vez, que permanecera no isolamento da UTI, observava todos os movimentos de Neto numa ansiedade, num nervosismo, numa emoção, que eram quase impossíveis de suportar. Mas, independentemente de qualquer dificuldade, ela seguia ali, em pé, olhos sem piscar, mirados nas mãos ágeis que manuseavam o tubo poucos segundos antes de iniciar o movimento de retirada.

As possíveis complicações imediatas, além da pura incapacidade de respirar, seria a traqueia fechar de repente, inchada, e impedir o fluxo de ar mesmo se o menino conseguisse respirar. Ainda assim, mesmo que nada acontecesse num primeiro momento, o sucesso do procedimento só poderia ser atestado oficialmente depois de 24 horas de respiração espontânea ininterrupta.

Parecia que nenhum outro som era ouvido na UTI. Parecia que todas as atenções estavam naquele tubo. Neto finalmente fez o movimento de retirada. Era possível que, pelo tempo que ficara ali, o equipamento dilacerasse a pele interna da garganta de Gabriel, mas isso não aconteceu.

O tubo saiu livre, leve, sem resistência. E, após uma fração de um ou dois segundos de pura indefinição, em que Neto seguiria chamando o menino pelo nome seguidas vezes, Gabriel deu uma levíssima tossida e pôs-se a chorar. Um choro que mais parecia um gemido forte, que lembrava o choro de um recém-nascido, que fazia-o parecer um bebê que ganhava o mundo pela primeira vez e que nascia naquele exato momento.

Foi uma cena comovente. Comovente e, de certa forma, engraçada também. Porque, enquanto Gabriel chorava, o isolamento da UTI virava um ambiente de festas, de risos, de comemorações efusivas. E quanto mais ele chorava, mais as pessoas riam, comemoravam, se abraçavam, choravam juntas, emocionadas.

O choro era a prova cabal de que Gabriel respirava. Era a prova cabal de que, de alguma forma, ele saíra do coma. A retirada do tubo seria um sucesso bem antes das 24 horas que a literatura médica exigia. A traqueostomia estava terminantemente cancelada. O menino estava livre para continuar lutando bravamente pela vida, pelo futuro, pelo desejo ardente de um dia voltar a jogar futebol.

15
UMA INCRÍVEL CORRENTE DE FÉ

Na segunda-feira que antecedeu aquela retirada de tubo, aproximadamente 120 pessoas de diferentes credos se reuniram na casa de Cordeiro e Kalina para rezar pela vida de Gabriel e, principalmente, para que a tal da traqueostomia não fosse necessária. Estavam presentes ali católicos, protestantes, espíritas e tantas outras pessoas de diferentes religiões.

Rezaram longamente, realizaram um bonito louvor, estenderam-se até tarde da noite num forte encontro ecumênico em que distintas crenças se reuniam em prol de um mesmo propósito.

Fora daquela casa, em diferentes partes da cidade, em múltiplos templos, uma série de outras pessoas ao longo daquela semana se mobilizaria em atenção ao menino em coma que precisava de toda a ajuda possível para sair de uma situação que se julgava irreversível.

Houve missas, cultos, reuniões, encontros. Vários familiares e amigos de Gabriel relatariam que, em inúmeras situações, surpreenderam-se com desconhecidos pedindo orações para a criança, mesmo que esta fosse estranha àqueles que faziam tal pedido.

Era um fenômeno de fato surpreendente. E que começara despretensiosamente, ainda no início de todo aquele violento processo.

Na primeira segunda-feira depois da cirurgia de retirada do tumor de Gabriel, ainda em 28 de outubro de 2013, Kalina e Cordeiro decidiram rezar juntos um terço em homenagem a Gabriel. E, como acharam que chamar mais algumas pessoas poderia ser interessante, convidaram alguns parentes bem próximos.

Rezaram na noite daquele dia. Intensamente. Pedindo pela plena recuperação de Gabriel. Passado aquele momento, a semana seguiu seu curso. Na segunda-feira seguinte, repetiram o encontro e a oração. E não deixaram de notar que outras pessoas mais se somaram a eles de forma espontânea.

Aquilo foi virando uma tradição. Numa outra semana, familiares mais distantes se somaram ao grupo. Depois, amigos de Marcus e Yanna. E, com mais algum tempo, um grupo católico do Encontro de Casais com Cristo (ECC) de uma paróquia de João Pessoa se incorporou aos encontros semanais, levando música para as orações.

Quando a situação no hospital começou a se tornar ainda mais grave, mais e mais pessoas se juntaram também. Até que um grupo evangélico se uniu. E foi assim que aquele ecumenismo começou a tomar forma.

Os encontros na casa de Kalina e Cordeiro eram sempre nas segundas-feiras à noite. E, quando ele crescera a um nível inimaginável, os anfitriões começaram a colocar oitenta cadeiras de plástico na área externa da casa. Mas ainda assim era insuficiente. E não raro aparecia bem mais gente, que ficava em pé, sentava-se no chão, acomodava-se como podia.

Rezavam, cantavam, louvavam. Eram diferentes formas de pedir a Deus pela pronta recuperação do menino. Num ambiente em que o diálogo e a fé suplantavam as diferenças pontuais.

Claro que, com tanta gente, em orações coletivas sempre muito fortes, o clima de emoção era incrivelmente intenso. E, às vezes, alguns ruídos aconteciam.

Daniel, por exemplo, relembraria com muita ênfase do dia em que escutou o padre Glênio, uma das figuras mais recorrentes naquelas reuniões, dizer pela primeira vez que todos ali deveriam estar preparados para qualquer que fosse a decisão de Deus. E, quando ele dizia isso, incluía nominalmente a possibilidade de morte.

— Padre Glênio foi a primeira pessoa que eu ouvi, enquanto fazia uma oração, cogitando que Gabriel poderia morrer. Aquilo foi um golpe grande.

O tio e padrinho de Gabriel diria inclusive que ficou muito tempo com raiva do religioso, e só depois entenderia o que significavam aquelas palavras.

— Eu fiquei com raiva, acho, porque eu não conhecia a fundo a gravidade do caso. Hoje eu sei que ele não estava sendo cruel, mas apenas tentando nos preparar para algo ruim que de fato poderia acontecer.

Ao falar sobre o assunto, o padre adotaria um tom professoral:

— Até o último momento, nós temos que lutar pela vida. Mas sem descartar a possibilidade da morte e da ressurreição. A morte não é o fim, mas o momento de passagem para nos encontrarmos com Deus.

Padre Glênio, a propósito, tinha seus motivos para ponderar as duas possibilidades. Como líder religioso, tinha acesso à UTI sempre que alguma família precisava de apoio espiritual. E em mais de uma oportunidade foi chamado para fazer orações para Gabriel naquele leito de UTI.

Numa delas, a propósito, tamanha era a gravidade do caso que foi chamado para fazer a unção dos enfermos em Gabriel, nome oficial daquilo que é popularmente conhecido por extrema-unção.

De acordo com a crença cristã, a unção dos enfermos é um dos sacramentos a ser ofertado, e isso acontece com o objetivo de confortar o doente, perdoar os pecados e transmitir um sentimento de alívio espiritual e físico na hora em que a morte se torna uma possibilidade iminente.

No ritual, Glênio fez uma longa oração enquanto aplicava no corpo franzino e machucado do menino um óleo consagrado, de aroma agradável, que incensaria o espaço de isolamento onde estavam Gabriel e sua mãe. Aquele perfume, de certa forma, acalmaria o coração dos presentes, traria sentimentos e pensamentos bons num ambiente em que a ameaça da morte estava sempre tão presente.

Com o mesmo espírito ecumênico dos encontros na casa de Kalina e Cordeiro, inclusive, o padre não seria o único a frequentar aquela UTI. O nome de Gabriel pouco a pouco ficava conhecido em grupos de orações e em igrejas diversas, e não raro líderes religiosos de diferentes crenças iam até o hospital pedindo ou se oferecendo para rezar com eles. Por eles também.

Eram todos igualmente acolhidos. Nesses momentos, Marcus e Yanna simplesmente não faziam distinções. Eram católicos, é bem verdade, mas tantos quantos apareceram, das mais variadas formas de fé e de crença, foram bem recebidos para fazerem as orações que achassem necessárias.

Aliás, um dos dias mais marcantes para Yanna naquela UTI foi devido a um homem que ela não conhecia, cuja religião ela não lembraria, e de quem ela nem mesmo recordaria o nome depois de certo tempo.

Na verdade, a própria presença dele ali era um acaso, de certa forma um "erro de endereço", por assim dizer. Ainda que o homem tenha dito naquele dia que erros não acontecem quando se trata de Deus.

Yanna estava mais uma vez na UTI, já naquela segunda passagem em que a morte parecia questão de tempo, e de repente um casal apareceu na porta da Unidade. O homem fazia alguns sinais em direção a Yanna, que demorou a entender que ela era de fato a pessoa com quem ele tentava interagir.

Ela sorriu. Convidou-o a entrar. Ele interpelou:

— Posso rezar pelo seu filho?

Yanna assentiu positivamente, abrindo um sorriso generoso e convidativo.

A esposa daquele homem, que o acompanhava, entrou na conversa aparentando estar um pouco constrangida, antevendo o erro que o seu marido cometera. Docemente, antes de ele começar a oração, ela o questionou:

— Acho que a gente está na UTI errada. A gente não tinha vindo rezar por um bebê?

Foi a vez de ele sorrir. De forma serena e respeitosa. E, quando respondeu à esposa, foi com uma convicção honesta:

— Deus não erra o caminho. É para ele mesmo que precisamos rezar.

Disse isso e, logo depois, começou a rezar de fato. Rezava em voz alta, para ser ouvido por Yanna e — quem sabe? — pelo próprio Gabriel, que estava em coma. Proferia palavras reconfortantes e tranquilizadoras. Levava amor, acima de tudo, para aquele quarto.

— Aquele dia foi impressionante. O homem chegou de repente, rezou e depois foi embora. Mas tudo o que ele dizia era aquilo o que eu precisava ouvir — comentaria Yanna depois, emocionando-se.

Outros episódios do tipo iam se somando, dentro e fora do hospital. Lourdes, mãe de Marcus, contaria do dia em que foi assistir a uma missa na Catedral Basílica Nossa Senhora das Neves, na região central de João Pessoa, e acabou se encantando com uma cena testemunhada ao término da cerimônia.

Um grupo de dez jovens, mais ou menos, começou a realizar, reunidos nos primeiros bancos da igreja, uma oração mais forte, mais enérgica, com todos ali bem concentrados no que estavam fazendo.

Lourdes se impressionara principalmente pela pouca idade de todos ali e achou bonito aquele fervor vindo de pessoas tão jovens. Não reconhecia ninguém, mas foi tomada por uma vontade de se aproximar. Puxar conversa. Ao fazer isso, admitiu inicialmente sua surpresa de ver pessoas tão jovens com uma fé tão firme, e depois pediu:

— Já que vocês estão rezando, poderiam incluir em suas intenções o meu neto? Ele se chama Gabriel e está precisando de toda a força que puderem reunir.

A réplica foi a mais surpreendente possível:
— Gabriel que está no Hospital da Unimed?

E, diante da resposta positiva daquela mulher, eles completaram num tom fraternal, sorridente, amável:
— Pois estamos reunidos aqui justamente em nome dele.

Lourdes sentiu o impacto daquelas palavras. Arrepiou-se instantaneamente. Sentou-se num banco próximo e, por algum tempo, rezou junto daqueles meninos e meninas, tão mais jovens que ela. E foi tomada por uma paz que lhe deixou extremamente feliz por viver aquele momento.

Ademais, se muitos religiosos iam até a UTI, outros tantos convidavam Marcus e Yanna para visitarem seus grupos de orações. Em diferentes bairros, de diferentes credos, com distintas formas de ver o mundo. Mas, ao mesmo tempo, todos imbuídos de rezar pela pronta recuperação de Gabriel.

Na maioria das vezes, ou Marcus ou Yanna atendia ao convite, deixando o outro no hospital ao lado do filho. Mas, em alguns momentos, quando a dor era mais profunda e o anseio por acalento mais forte, iam os dois juntos, deixando Luciana como substituta de momento na UTI.

Em regra, eles voltavam melhores desses encontros. Mais fortes. Na quase totalidade das vezes, mais leves do que antes.

Na verdade, apenas em pouquíssimas ocasiões esses encontros não deram tão certo. Num deles, um religioso disse que Gabriel iria de fato morrer, e que a criança que Yanna carregava na barriga seria o seu substituto na terra. Em um segundo momento, um outro líder religioso questionou a fé que Marcus e Yanna tinham em Maria e colocou na conta disso a enfermidade de seu filho mais velho.

Foram duas situações que de fato incomodaram os dois e que destoavam totalmente do espírito ecumênico e de respeito à fé alheia que reinava naqueles dias de UTI. Mas foram dois episódios que, ao mesmo tempo, acabariam ofuscados pelos inúmeros outros vividos que foram extremamente positivos. Os quais, no fim das contas, só serviriam para reforçar a fé de ambos:

— A gente nunca entrou em conflito com ninguém. E, quando achávamos que poderíamos estar vivendo uma provação, aí é que nós fortalecíamos a nossa fé — pontuaria Marcus.

E fé era tudo o que não faltava a eles. Tanto a mãe como o pai de Gabriel declarariam no futuro que nunca duvidaram da plena recuperação do filho. E que foi justo naquela época, em que as orações e os encontros se espalhavam por toda a cidade, que eles concordaram entre si que, tão logo tudo aquilo terminasse, a missão deles seria testemunhar o que viveram para dar exemplo de fé e de esperança a outras pessoas que eventualmente estivessem passando por situações igualmente difíceis.

Era um compromisso deles com eles mesmos, que na época não seria comunicado a mais ninguém, mas que seria cumprido à risca ao longo dos anos que se seguiriam, da mesma forma ecumênica das orações que foram realizadas principalmente naqueles meses finais de 2013.

O sentimento, naquela época, era tão forte, tão intenso, tão arrebatador e aglutinador, que até mesmo pessoas sem tanta fé, como Daniel, se juntaram às orações. E ele mesmo testemunharia outras mudanças na forma de agir de todos aqueles que de alguma forma se envolviam no caso:

— Meu primo Renato, por exemplo, é extremamente calado e sério. Eu nunca tinha visto ele chorar, nunca tinha visto ele expressar de forma mais explícita suas emoções. E, no entanto, numa das segundas-feiras de orações na casa de Kalina e Cordeiro, eu o vi completamente emocionado, chorando. Era uma cena completamente nova para mim.

Da mesma forma como pessoas que eram mais sisudas e céticas iam, a seu modo, se envolvendo em meio a toda aquela mobilização, alguns daqueles que tinham uma fé mais sedimentada foram se apegando às suas próprias particularidades, aos pequenos milagres que conseguiam enxergar com base naquilo que acreditavam.

Ana Cláudia, por exemplo, se apegou ao "Ofício de Nossa Senhora", que começou a rezar diariamente; um grupo de alguns familiares de Marcus e Yanna realizou períodos de oração em jejum; Suelene, em alguns dias de UTI, sentiu o que para ela parecia ser a presença de Maria no local; Kalina rezou mais fortemente para Nossa Senhora de Fátima; Marcus passava sempre na capelinha do hospital para rezar antes de entrar na UTI, e percebia que justo nesses momentos recebia boas notícias sobre o filho; e cada um a seu modo se sentiu um pouco responsável, um pouco mais participativo, um pouco mais feliz por ter ajudado na luta diária que Gabriel travou para sair daquele hospital com vida.

Assis Neto, o fisioterapeuta que tirou com sucesso o tubo das vias respiratórias de Gabriel, e que testemunhou na UTI muitos daqueles momentos de religiosidade, resumiria de uma forma comovente sua impressão sobre aquilo tudo:

— Os pais de Gabriel emanavam um sentimento tão forte, que eles estimularam uma fé extrema de todas as religiões. Uma corrente de oração envolvendo todos os lados. Não havia intolerância religiosa naquela UTI durante a passagem de Gabriel e de sua família.

Aliás, o que se viveu foi de fato tão forte que, durante muito tempo, mesmo depois da saída de Gabriel do hospital, mesmo depois da cura, mesmo depois das muitas conquistas que ele conseguiria, as orações continuariam. E, cinco anos depois, encontros ainda seriam realizados, mesmo que de forma mais esporádica, para lembrar e agradecer por todo o desfecho que aquele caso misterioso e impressionante acabaria tendo.

16
TEMPOS DE INCERTEZAS

"Mainha, Gabriel acabou de soltar um pum!!!"

A mensagem — escrita e enviada por Yanna para a sua mãe, Suelene, a partir do WhatsApp e com todas aquelas exclamações efusivas poucos dias depois da retirada do tubo de Gabriel — era um jeito peculiar, mas revelador, de demonstrar que a situação não tinha simplesmente melhorado de uma hora para outra a partir da saída do coma.

Eram inegáveis as mudanças. O choro de Gabriel naquela sexta-feira tinha sido o primeiro som que ele produzira, o primeiro sinal de vida efetivo que dera desde que entrara em coma e desde que ficara muito próximo da morte.

Da mesma forma, era evidente também que, com o cancelamento da traqueostomia e com a retomada da consciência, ainda que de forma mínima, as chances de o menino sair do hospital vivo aumentaram sensivelmente. Mas era impossível saber o estado neurológico dele.

Com pouco tempo, descobriu-se que Gabriel saíra do coma cego, sem conseguir se mexer, sem saber mais falar e deglutir e sem ter nem mesmo condições de sustentar o peso do próprio tronco. Apresentava também um quadro de perda de memória e, diante da total impossibilidade de comunicação, ninguém sabia até que ponto ele reconhecia as pessoas que estavam em seu entorno.

Continuava-se com medo da dimensão e da gravidade das sequelas e do quanto elas seriam irreversíveis na vida que o menino teria posterior ao hospital. Era possível que ele ficasse daquele jeito para o resto da vida; ou que conseguisse apenas criar um sistema rudimentar de comunicação com base em piscares de olhos, por exemplo, para que assim pudesse dialogar e conviver minimamente com os seus familiares mais próximos.

O futuro era uma verdadeira incógnita, na verdade, naqueles primeiros dias de Gabriel fora do coma. E muito por isso, cada detalhe, cada pequena vitória, cada situação aparentemente cotidiana e imperceptível era comemorada.

O conceito de conquista, de vitória, de superação seria redimensionado. Soltar um pum era um acontecimento incrível. Arrotar, igualmente. A primeira piscadela de olho foi recebida com uma felicidade, uma festa, uma empolgação que seria inacreditável para quem visse de fora.

Suelene, por sinal, chorou feito uma criança quando soube do primeiro pum. Quando leu aquela mensagem que contava algo que à primeira vista era extremamente banal:

— Na vida, a gente muitas vezes não valoriza pequenos feitos. Mas depois que você vive tudo aquilo, algumas besteiras viram vitórias impressionantes — explicaria a avó materna de Gabriel.

Muito ainda precisava ser feito. Os fisioterapeutas e os fonoaudiólogos começaram a trabalhar imediatamente após a retirada do tubo. Apenas os estímulos, na maior quantidade possível, poderiam reverter ou minimizar aquele quadro de total dependência e apatia.

E, da mesma forma com que começou a piscar e a apresentar algumas reações, ele foi apresentando pouco a pouco outras formas de evolução. Em alguns dias a visão foi readquirida, e a partir daí ele começou a reconhecer pai e mãe e a interagir ainda muito precariamente com a equipe hospitalar.

No final das contas, prevaleceu a percepção acertada de Neto sobre a retirada do tubo. E a previsão certeira de Christian de que Gabriel começaria a evoluir quase que instantaneamente depois dessa retirada.

— Gabriel reviveu ali. Ele foi voltando aos pouquinhos. Abriu os olhos. Começou a perceber o que estava acontecendo em volta dele — explicaria Marcus ao descrever aqueles primeiros dias de retomada de consciência do filho.

Ainda assim, no início, ele não conseguia nem mesmo mexer os olhos; e, deitado como estava, eles ficavam sempre para cima, fixos para a frente, sem condições de acionar a visão periférica.

Era uma fase de completa ausência de prognósticos sobre o futuro. E só mesmo com o passar do tempo as dúvidas poderiam ser sanadas:

— Não foi pequena a meningite de Gabriel. Foi muito pesada mesmo. Naquele momento, eram grandes as possibilidades de ele ficar com paralisias cerebrais e físicas irreversíveis e de grandes proporções — alertaria Christian Diniz com um tom sério.

Afora aqueles que frequentavam cotidianamente a UTI, a única pessoa que viu de perto todo aquele processo de melhora, mas incertezas, foi Fernanda. A madrinha de Gabriel, à época, morava com o marido Eric e com a filha Sofia (que tinha apenas sete meses de vida) em Maceió. Coincidira de estar de férias em João Pessoa quando todo o problema começou, mas chegara a hora de voltar para a capital alagoana e o sobrinho ainda não estava perto de receber alta.

A poucos dias da viagem, começou a conversar insistentemente com a irmã, implorando para que ela fosse autorizada a entrar na UTI para rever o menino que há tanto tempo não via, uma vez que não pôde estar presente no dia em que foram realizados os exames de imagem no Cedrul.

Os pedidos surtiram efeito. Sob a condição de que ela não poderia demorar muito tempo no local para evitar qualquer tipo de problema, deixou-se que Fernanda entrasse na UTI.

E, mesmo com Gabriel estando bem melhor do que já estivera, a cena não deixou de ser dura para a irmã de Yanna, que se concentrou e precisou fazer um esforço hercúleo para não chorar:

— Eu fiquei feliz em revê-lo. Mas ao mesmo tempo foi desesperador. A cabeça toda raspada, aberta no local onde estava o dreno. Cama inclinada, fazendo ele ficar um pouco sentado. Mãos paradas. Olhos abertos sem conseguir mexer para os lados — descreveria, um tanto chocada.

Depois ela falaria um pouco mais sobre o que sentiu naquele dia de visita-relâmpago:

— Minha vida praticamente parou naquele momento. Quando entrei na UTI, passou um filme na minha cabeça. E eu só conseguia lembrar dele novinho, saudável, feliz.

Fernanda viajaria naquele mesmo dia com a família para Maceió, com o coração apertado, os pensamentos confusos, sem saber ao certo quando e como voltaria a ver o sobrinho e afilhado.

Mas parecia certo, ao menos, que voltaria a ver um dia. Isso porque, dentro da UTI, o nível de consciência só aumentava, na medida em que os riscos de morte diminuíam consideravelmente.

Era um pouco de avanço a cada dia, beneficiado principalmente pelas constantes sessões de fisioterapia e fonoaudiologia. E também pelo trabalho da equipe de nutricionistas, que pouco a pouco tornava mais rica a alimentação de Gabriel, que continuaria sendo feita por sonda até que ele voltasse a deglutir.

Naquele período, inclusive, uma situação para lá de inusitada começou a chamar a atenção de quem vivia o cotidiano da internação, seja pelo lado cômico, seja pelo lado desportivo da coisa toda.

As primeiras reações mais contundentes de Gabriel, como gemidos esporádicos e contrações dos músculos da face, foram registradas em momentos em que algum profissional da equipe médica, para descontrair o ambiente e para brincar com o menino, perguntava se ele era flamenguista ou afirmava que o Flamengo era melhor do que o Fluminense.

E isso era algo tão curioso, que a médica Janine Alencar — que por sinal é tricolor como Gabriel — começou a dizer com mais ênfase e frequência que ambos eram flamenguistas, e que o Fla era muito melhor do que o Flu, apenas para estimular aquela imprevista e importante forma de interação.

Paralelamente a isso, alguns enfermeiros faziam coro ao pai de Gabriel e começaram a chamar o menino de "guerreiro" em alusão não só à forma como os jogadores do Flu eram chamados, mas também em reconhecimento a tudo o que ele vivera — e vencera — naquela UTI.

Depois da retirada do tubo e conforme os dias iam se passando, portanto, ficou cada vez mais certo que Gabriel um dia deixaria o hospital, mesmo que não fosse possível saber em quais condições isso aconteceria.

A propósito, em 26 de novembro, a equipe médica resolveu retirar o Cateter Central de Inserção Periférica colocado no menino 13 dias antes e que fora fundamental para garantir uma sobrevida a Gabriel nos momentos mais críticos de sua passagem pelo hospital.

A retirada aconteceu às seis horas da noite daquele dia, num processo rápido e sem registros graves, e representou um segundo grande marco na melhora clínica do menino. A partir daquele momento, inclusive, ele estava oficialmente curado da meningite bacteriana, restando agora descobrir a dimensão do estrago deixado pela inflamação cerebral.

Do ponto de vista clínico e vital, ao menos, tudo transcorria bem. Mas no dia 3 de dezembro ainda houve uma última grande intercorrência registrada em Gabriel. Somando as duas internações, o menino já estava há quarenta dias deitado numa cama, com a cabeça encostada num colchão e sofrendo os atritos típicos de casos como esse.

O resultado era pavoroso. Uma ferida grande, feia, assustadora se formara na nuca do paciente, próxima da primeira incisão feita ainda na cirurgia de retirada do tumor que dera início a tudo aquilo.

Era uma lesão no couro cabeludo de Gabriel, que estava com uma vasta área de pele necrosada que, por isso, precisava ser extirpada. Ele foi levado ao bloco cirúrgico uma última vez e toda essa área afetada foi cortada e retirada. Depois, limpou-se a região e fez-se um curativo para que, a partir daí, a região fosse paulatinamente regenerada.

Mais ou menos nessa época, a equipe médica chegaria à conclusão de que os riscos de morte baixaram sensivelmente e que era positivo para o menino deixar o setor de UTI.

Antes, contudo, definiram um último marco por precaução: Gabriel deixaria o isolamento no dia em que conseguisse fazer xixi sozinho, sem a ajuda de sonda. E, por causa disso, começou-se a fazer testes diários nesse sentido.

Retirava-se a sonda e aguardavam. O tempo passava, ele não conseguia urinar, a bexiga começava a inchar muito e, por causa disso, a equipe era obrigada a recolocar a sonda. Acusava-se a falha de procedimento. Esperava-se para repetir tudo de novo no dia seguinte. Dia após dia, até que, finalmente, Gabriel fez o tão esperado xixi sozinho, sem a ajuda da tal sonda.

Era uma noite de sábado, 7 de dezembro de 2013, quando ele finalmente deixou a Unidade de Terapia Intensiva e foi transferido uma vez mais para a ala pediátrica do hospital, localizada no quinto andar do prédio. E, se na primeira internação ele ficara no apartamento 511, daquela vez ele seria acomodado no vizinho 513.

Gabriel deixou a UTI Pediátrica do Hospital da Unimed 44 dias depois de retirar um tumor maligno do cérebro, trinta dias depois de sua primeira alta médica, 29 dias depois de ter retornado ao hospital com um quadro aparente de morte encefálica, dezoito dias depois de um quadro sugestivo de falência múltipla de órgãos e quinze dias depois de ter saído do coma num momento em que muitos julgavam impossível. Para a grande maioria dos envolvidos no caso, não havia dúvidas, era um milagre.

Tudo aquilo, no fim das contas, era absolutamente inacreditável. E Salete seria uma das médicas que atestaria isso de forma emocionada:

— Acho que tem a mão de Deus em tudo naquele menino. Ele não podia morrer. Ele não estava predestinado a morrer criança. Gabriel é um menino que deve ter uma missão. Por isso tem nome de anjo — declararia Salete ao falar da surpresa que era vê-lo vivo fora da UTI.

O prontuário médico de Gabriel, no entanto, mostraria que, apesar das inegáveis melhoras, a situação geral ainda inspirava cuidados. Ele chegou ao apartamento respirando em ar ambiente, com visão normal, pulso cardíaco de boa amplitude e com reação a estímulos.

Por outro lado, apresentava sonolência, limitação severa de movimentos, riscos de queda e úlceras na pele e períodos de desorientação de tempo e espaço. Num nível de 0 a 30 de dependência, Gabriel possuía 18 pontos. Num nível de 0 a 20 de gerenciamento de risco de morte, ele tinha 12 pontos, o que ainda o mantinha como "paciente de alto risco".

Eram tempos milagrosos, de toda forma. Na vida e no futebol. Gabriel deixou a UTI na véspera da última rodada do Campeonato Brasileiro de 2013, quando o Fluminense seria rebaixado da competição ao lado do arquirrival Vasco. Nos dias seguintes, contudo, irregularidades registradas na escalação de um jogador da Portuguesa faria o time paulista perder pontos e livraria o Tricolor do descenso. Os vascaínos cairiam sós, afinal.

Gabriel, contudo, não acompanharia muito daquilo tudo. Porque apenas no dia 10 de dezembro foi considerado completamente acordado, num outro avanço do quadro clínico do garoto.

Os exercícios fisioterápicos e fonoaudiológicos seguiam e, com Gabriel cada vez mais desperto, aumentavam também as sensações de dor no menino. Era algo inevitável, do qual não tinha como fugir, que deveria ser enfrentado. Mas, ainda assim, mexia com o humor da criança.

— Com a consciência, vinham as queixas — resumiria Neto.

De acordo com o fisioterapeuta, era importante mudar Gabriel de posição de vez em quando. E por isso, durante as sessões (iniciadas ainda na UTI), ele o colocava sentado na poltrona mesmo que para isso precisasse carregá-lo, segurá-lo, ampará-lo.

O problema é que o menino quase não tinha mais músculos depois de tanto tempo deitado e sem fazer exercícios, o que tornava tudo mais duro e menos protegido.

— Gabriel era quase que só pele e osso. Então, para levantá-lo, era um sacrifício. Para sentar doía muito. Ele sempre chorava de dor quando eu precisava mexê-lo.

Os desconfortos, as lamentações, os choros, no entanto, não compadeciam Neto. Ele era sempre muito cuidadoso e protetor com Gabriel, mas ao mesmo tempo sabia que a dor fazia parte de todo aquele processo.

Era preciso enfrentá-la da melhor forma possível. E foi assim que o fisioterapeuta começou a inserir o futebol nos exercícios diários. Quando ia mexer os pés de Gabriel, por exemplo, simulava o movimento de um chute na bola. E, fazendo isso em meio a conversas sobre o jogo, sobre os seus movimentos e fundamentos, o trabalho invariavelmente se tornava menos doloroso.

Além disso, as visitas voltaram a ser permitidas, ainda que completamente reguladas e rápidas. Os pais de Marcus, por exemplo, que não tiveram condições de ir ao hospital na época de UTI, fizeram ao menos duas visitas ao neto no apartamento do quinto andar. E só meses depois seriam informados de que tinham viajado para os Estados Unidos justo na fase mais grave e desoladora de todas.

Outra visita marcante seria a dos tios e primos: Déborah e Roussean tiveram a ideia de tentar humanizar mais aquele período final de hospital. E, assim, vestiram-se de palhaços e foram com os dois filhos igualmente a caráter passar dez minutos cronometrados ao lado de Gabriel.

Não poderia ser mais do que isso para evitar contaminações. Mas, afinal, dez minutos seriam mais do que suficientes para conseguir arrancar o primeiro sorriso do menino. Tímido, lento, difícil de perceber devido às limitações de movimento, é bem verdade.

Mas, ainda assim, aquele sorriso seria mais uma das inúmeras pequenas conquistas que seriam comemoradas com o mesmo vigor de um título brasileiro eventualmente abocanhado pelo Fluminense ou pelo Botafogo da Paraíba.

***

O período de internação no apartamento na fase pós-UTI não seria longo, no fim das contas. Em poucos dias, Gabriel já estaria quase totalmente fora de risco, e voltar ou não a andar, a se mexer, a falar, a sustentar o próprio peso era algo ainda incerto. E que deveria ser trabalhado fora do hospital, na opinião dos médicos.

E foi assim que, pela segunda vez em menos de dois meses, Christian e Heloísa começaram a discutir juntos, a analisar juntos as possibilidades de alta.

Marcus e Yanna, a propósito, acompanhavam de perto todo aquele papo sobre alta, completamente ansiosos e felizes. Na fase mais crítica de Gabriel, quando os médicos se questionavam diariamente se o menino conseguiria chegar até o dia seguinte com vida, os dois conversavam baixinho sobre fé, sobre Deus e sobre cura, e faziam planos aparentemente impossíveis sobre passar o Natal em casa com toda a família reunida. E eis que estavam ali, contra todas as previsões da medicina, bem perto de ver aqueles sonhos se tornarem realidade.

A alta foi autorizada no dia 15 de dezembro de 2013, um domingo, a apenas nove dias da véspera de Natal. Naquele dia, uma verdadeira multidão de familiares se reuniu em frente ao hospital, todos querendo voltar a ver Gabriel.

Fernanda e Eric, a propósito, saíram de madrugada de Maceió e enfrentaram aproximadamente cinco horas de viagem apenas para serem dois dos muitos parentes que se aglomerariam na porta do hospital.

Gabriel deixou o apartamento 513 às 12h37. A chamada "alta geral" foi comemorada coletivamente por diferentes setores do local, que se comoveram enormemente com o caso do menino que desafiou a medicina e saiu vivo do hospital.

A cena era tão inesperada, e ao mesmo tempo Gabriel passara a ser tão conhecido no hospital, que até os porteiros e seguranças, e mesmo os flanelinhas que costumavam guardar os carros das cercanias, já sabiam da história do menino, já tinham se habituado com o vai e vem daqueles familiares ao longo dos últimos quase dois meses. E estes se juntaram às comemorações intensas que foram registradas na entrada do Hospital da Unimed quando o menino, enfim, apareceu na calçada.

Ao todo, foram 52 dias de hospital. Com o agravante de que quase 70% desse tempo fora vivido num leito isolado de UTI. Gabriel saiu de cadeira de rodas, completamente curvado por não conseguir sustentar o peso do próprio tronco, sem falar e sem se mexer. Mas, ao mesmo tempo, saía como uma espécie de herói, um sobrevivente, acima de tudo, festejado por tanta gente que vibrava ao vê-lo finalmente fora do hospital.

Naquele último papo, naquela última despedida, naquele último abraço de agradecimento, inclusive, Marcus se encheu de coragem e, sem esconder a ansiedade que o consumia, emendou uma rápida conversa com Christian Diniz:

— E aí, será que um dia ele vai voltar a andar?
— Talvez. Quem sabe daqui a seis meses?
 O pai de Gabriel pensou mais um pouco. Insistiu:
— E voltar a jogar bola?
— Calma, Marcus, calma. Se ele voltar a andar, já será maravilhoso.

17
FUTEBOL, MAIS FUTEBOL E CONQUISTAS

Não era que Marcus estivesse triste com a saída de Gabriel do hospital. Muito pelo contrário, ele estava extremamente radiante, emocionado, agradecido por tudo o que sua família vivia naquele meio de dezembro. A volta para a casa de seus pais, ao lado de Yanna, com o filho finalmente no carro, era algo inacreditável. Que só podia ser creditado à fé em Deus.

A chegada em casa naquele 15 de dezembro, inclusive, foi de um alívio sem precedentes. A primeira vez em muito tempo em que eles se sentaram relaxados num sofá com a consciência de que no dia seguinte ninguém mais precisaria manter aquela desgastante rotina hospitalar.

Mas, ao mesmo tempo, Marcus não escondia uma certa preocupação com a possibilidade de Gabriel nunca mais jogar futebol. Aquilo era importante demais na vida do menino para simplesmente ser deixado de lado:

— A minha angústia era porque Gabriel nunca gostou de outros tipos de brincadeira. Era só futebol, futebol e futebol. Até quando ele inventava de brincar com o videogame, ele escolhia algum jogo de futebol. Então eu me perguntava como seria a vida dele sem aquilo, sem conseguir fazer o que mais gostava.

Marcus, de toda forma, não estava disposto a se acomodar diante daquelas previsões médicas, que julgavam bastante improvável o menino voltar a jogar bola. Yanna muito menos. Eles já tinham vivido o suficiente para acreditar que milagres existiam e que a fé era capaz de tudo.

Era um dia feliz, sem dúvida, mas não era momento para descansos. O trabalho duro estava apenas começando. E, no melhor estilo "atleta de alto rendimento", os treinos de recuperação reiniciariam tão logo eles chegassem em casa.

Na verdade, os pais de Gabriel já tinham começado a se mobilizar antes mesmo da alta médica, quando convidaram Assis Neto para continuar em casa, em sessões particulares, o tratamento iniciado no hospital.

Em paralelo a isso, contrataram também uma segunda fisioterapeuta, Sheva Castro, que tinha mestrado em Saúde da Criança e do Adolescente e atuava na profissão especificamente com desenvolvimento motor e treino de marcha.

Tinha mais. Duas fonoaudiólogas, Ana Flávia Souza e Giovanna Marques de Souza, foram chamadas para realizar sessões em Gabriel. Formadas na área, caberia a elas dar seguimento ao importante trabalho de reestímulo aos aspectos fonoarticulatórios de Gabriel. Em linguagem mais leiga, elas trabalhariam a deglutição, a mastigação e a respiração do menino. De forma que, a partir desse reaprendizado, Gabriel, com o tempo, conseguisse voltar a falar naturalmente.

Eram quatro profissionais, de duas áreas diferentes de atuação, que passariam a visitar Gabriel três vezes por semana cada um. Isso significava que todos os dias o menino faria algum tipo de atividade reabilitadora. Em regra, mais de uma sessão por dia.

Todos, a propósito, partiam de um mesmo ponto: tal como os médicos, eles não tinham a menor ideia sobre que tipo de sequela a meningite deixara no cérebro de Gabriel, o quanto daqueles problemas poderiam ser revertidos e quanto tempo duraria a recuperação dele.

Simplesmente não acreditavam em nenhuma vitória realmente impactante antes dos seis meses de exercícios. E, para o bem da verdade, não descartavam nem mesmo a possibilidade de absolutamente nada ser recuperado ao longo dos meses e dos anos de vida de Gabriel, que poderia crescer sem melhoras significativas e se tornar um adolescente e depois um adulto vivendo num estado próximo do vegetativo.

Essas previsões mais pessimistas não eram ditas aos pais, claro, visto que era importante manter o moral em alta e a disposição para continuarem tentando. Mas, no íntimo de cada um, e devido à bagagem profissional que carregavam, eles bem sabiam que aquela era uma possibilidade concreta.

Em pouco tempo, adotariam também estratégias bem parecidas para realizar os trabalhos com Gabriel: explorar da forma mais intensa e positiva possível a paixão arrebatadora que ele possuía pelo futebol em sua essência mais pura.

Desses quatro, três foram entrevistados para a produção do livro (Neto, Sheva e Ana Flávia). E todos diriam em momentos distintos, sem combinar uns com os outros, como o futebol era importante na vida de Gabriel, como ele era um facilitador no diálogo, nas negociações, nos exercícios, no árduo trabalho que eles tinham pela frente.

De repente, o futebol fazia um fardo pesadíssimo virar lazer, uma diversão, algo prazeroso na medida do possível, em que pesasse a dor que ele invariavelmente sentia na maioria dos exercícios realizados.

Marcus e Yanna, inclusive, logo perceberiam como o uso do futebol era salutar. Adeririam à estratégia. Passariam a chamar as sessões de fisioterapia e de fonoaudiologia de treinos e sempre vestiriam o menino com uniforme de jogo. Às vezes do Fluminense, às vezes do Botafogo-PB, às vezes de algum clube europeu que fazia parte de sua coleção. Muitas vezes, também com a camisa de jogo do Cabo Branco, o time de futsal que até o fim de outubro ele integrara e pelo qual ainda possuía um indescritível sentimento de orgulho e pertencimento.

De toda forma, o início não seria nada fácil. Quando chegou novamente na casa dos avós, onde morava desde antes de todo o problema médico, Gabriel foi colocado num outro quarto de hospital, bem semelhante àquele onde estava, ainda que esse novo fosse completamente adaptado na suíte principal do apartamento.

A rigor, portanto, sua vida não mudaria muito naqueles primeiros dias. Continuava deitado numa cama de hospital ou sentado numa poltrona localizada no próprio quarto, assistido por uma enfermeira contratada pela família, recebendo visitas rápidas dos familiares, passando por inúmeras sessões de fisioterapia e de fonoaudiologia.

Ao mesmo tempo, era perceptível algo novo no ar. Uma felicidade por estar em casa, que se sentia mesmo sem ser possível explicar. Um maior conforto por reconhecer objetos e espaços familiares, a presença mais constante do irmão e grande amigo, Rafael.

Marcus, Yanna, Rafael e, principalmente, Gabriel pareciam prontos para a guerra que iriam travar a partir dali. E pareciam prontos para surpreender cada um daqueles que mantinham previsões pessimistas, ou pelo menos cautelosas, sobre o menino.

Os porta-vozes de Gabriel naquele momento, no entanto, eram os pais dele. E esses deixariam claro logo no início que queriam tentar algo mais intenso, mais célere, mais imediato.

Sabiam que nada dependia apenas deles. Mas, para ambos, não custava tentar. Gabriel, afinal, era jovem. Era atleta. Resistente. Haveria de aguentar um ritmo mais puxado.

Foi Marcus quem conversou com os fisioterapeutas. Contou-lhes que, em 25 de janeiro de 2014, haveria o casamento de Ana Raquel e Bruno.

Ana Raquel, a saber, filha da cardiologista Ana Cláudia e prima legítima de Marcus que, antes do tumor de Gabriel, tinha convidado o sobrinho para ser pajem em seu casamento, o que o obrigaria a entrar caminhando pela igreja em um momento específico da cerimônia.

Marcus, pois, talvez em tom de desafio, talvez em tom de sonho para si mesmo, sugeriu a todos aquela meta:

— E se Gabriel já estivesse caminhando naquele dia? Não seria maravilhoso? — questionou com um indisfarçável sorriso, repleto de esperanças.

Claro, mesmo que de fato pudesse ser emocionante participar do casamento dos tios, o evento, no fundo, era um pretexto. Uma espécie de marco a ser almejado — e sonhado. Naqueles primeiros momentos, afinal, metas eram importantes para se ter algo a que se apegar. E o foco mesmo, mais do que o casamento, era a recuperação de Gabriel, na medida e no tempo em que fosse possível.

De toda forma, seriam 41 dias a partir da alta de Gabriel até o casamento. O evento poderia ser um pretexto, uma meta simbólica para se ter em mente, o que mais fosse. Mas os trabalhos seriam reais, incansáveis e diários, incluindo aí atividades aos sábados e domingos.

A pergunta de Marcus, de toda forma, era retórica. Não carecia de respostas ou promessas dos fisioterapeutas. Neto e Sheva apenas advertiram que era uma meta ousada e com prazo para lá de curto, e começaram a trabalhar. Cada qual vivendo suas próprias experiências, suas próprias emoções, suas próprias vitórias ao lado de Gabriel.

A grande vitória, a propósito, viria ainda nos primeiros dias de trabalho. Gabriel demonstrava entender o que se falava com ele e reagia minimamente a estímulos. Isso era muito bom. E, com mais algum tempo, foi possível atestar com relativa dose de segurança e com uma absurda dose de surpresa que ele não tinha danos cerebrais graves na região responsável pelos movimentos, apesar de tudo o que seu cérebro sofrera.

Isso fazia crer que um dia ele poderia voltar a andar, ainda que fosse impossível, naquele momento, precisar quando. Fato é que ele perdera toda a sua propriocepção, ou percepção do próprio corpo, e restabelecer isso não seria nada fácil.

Sheva explicaria que o corpo humano é repleto de receptores que enviam informações das periferias (braços, pernas, tronco, articulações, músculos etc.) até o cérebro e, em sentido contrário, esses receptores recebem do cérebro as respostas motoras responsáveis por todas as atividades corporais.

Por causa da inflamação provocada pela meningite bacteriana, essas conexões tinham sido completamente cortadas. O trabalho, portanto, seria o de reconectar essas conexões a partir do reaprendizado motor, possibilitado pela repetição incansável de inúmeros tipos de exercícios fisioterápicos.

Na mesma linha, Neto atestaria que a comunicação neural foi sendo restabelecida paulatinamente, o que permitiria que, dia após dia, os dois profissionais continuassem tendo bons prognósticos. Ainda assim, o prazo de andar em pouco mais de quarenta dias continuava sendo absurdamente otimista e utópico para um caso grave e complexo como o de Gabriel. Segundo Neto, passados os primeiros dias e afastados os riscos de paralisia definitiva, ele ainda assim não acreditava em nenhuma conquista considerável em menos de três meses de exercícios.

***

A véspera de Natal naquele ano caiu numa terça-feira. A família de Marcus e Yanna se reuniria na casa de Suelene e Tota, os avós maternos de Gabriel e Rafael, ao lado de tantos outros irmãos, primos, tios.

A intensidade daquele dia, no entanto, começou logo nas primeiras horas da manhã, quando todos acordaram. Estavam no quarto Marcus, Yanna e Gabriel. E os pais tentavam animar o filho: conversavam e brincavam com ele, falavam sobre o dia de Natal também.

Gabriel estava deitado na cama e demonstrava estar de bom humor, divertindo-se com aquele momento especial em família.

De repente, ele deu uma puxada de ar seguida de um movimento confuso com a boca, mas não conseguia fazer nada mais além disso. Depois, uma segunda tentativa, seguida de mais uma.

Os pais tentavam estimulá-lo. Mas não sabiam exatamente o que ele pretendia. E, entre um estímulo e outro, continuavam se divertindo naqueles primeiros instantes da manhã.

O êxtase não tardaria. Gabriel, enfim, deu forma a uma voz falha, mas audível; fraca, mas reconhecível; comprometida pelos movimentos limitados, mas definitivamente capaz de fazer os pais vibrarem e chorarem abobados.

Foram duas palavras curtas, ditas num volume baixinho, após um claro esforço do menino, mas que formavam uma frase com alta carga emotiva, das mais fortes e impactantes para o momento:

— Feliz Natal!

Parecia a marcação de um gol. Comemorada com abraços, com beijos, com respostas efusivas de "Feliz Natal", com choros e gritos de felicidade. Com um sorriso alegre, tímido, fraco de Gabriel, que esboçava sua felicidade como podia, demonstrando estar totalmente surpreso diante de tamanha reação. Afinal, ao menos para ele, aquela era uma frase quase obrigatória num dia de comemorações natalinas.

Pouco depois, Gabriel repetiria o cumprimento atendendo aos pedidos dos pais, que queriam gravar a sua primeira frase proferida por ele depois de tudo o que passou. A gravação era curtíssima. Tinha menos de dez segundos. Mas foi enviada por WhatsApp a todos os médicos, a todos os enfermeiros, a todos os fisioterapeutas e fonoaudiólogos que cuidaram de Gabriel e cujos contatos os pais do menino tinham gravados em seus celulares.

Como não poderia ser diferente, o resto do dia seria de festas e comemorações. Além do mais, a família toda iria à missa no finalzinho da tarde e de lá iria para a casa de Suelene e Tota.

Era uma noite incrivelmente feliz. Agradável, ventilada, estrelada. Um sentimento bom potencializado pelo fato de que a maioria dos presentes ali ainda tinha muito forte em suas mentes tudo o que fora vivido, sofrido e vencido até aquele momento. Para muitos, era completamente inexplicável aquela reunião acontecer com ares de alegria incontida pela presença de Gabriel entre eles. E, ainda por cima, numa incrível notícia de última hora, falando algumas poucas palavras.

Desde que saíra do hospital, os avanços eram significativos. Gabriel já conseguia ficar sentado sem ser amparado por ninguém, mas ainda precisava ser colocado na posição por alguém e não conseguia sustentar o peso do próprio tronco.

Não andava ainda, e por isso chegou ao local numa cadeira de rodas. Mas, naquela noite, todas as comemorações eram voltadas para as primeiras palavras de Gabriel, que inclusive repetiria mais algumas vezes o festejado "Feliz Natal", para delírio dos muitos parentes que participavam daquela festa alegre.

A notícia, afinal, se espalhou rapidamente. O milagre parecia ainda mais forte. Mais vivo. Ninguém acreditava que aquele menino voltaria a falar antes mesmo do fim de 2013. E, quando se diz ninguém, isso valia também para Ana Flávia Souza, uma das fonoaudiólogas que cuidava de Gabriel havia menos de dez dias:

— O que aconteceu foi completamente surpreendente. Eu esperava que as primeiras palavras fossem possíveis de serem ditas num prazo de três a seis meses. Então, quando eu assisti àquele vídeo de "Feliz Natal", eu tive a certeza de que Gabriel era um milagre e que nós éramos instrumentos de Deus. Eu fiquei muito feliz. Eu não esperava uma evolução tão rápida — confessaria.

Ainda no dia 15, ela havia começado (em sessões alternadas com Giovanna) exercícios básicos de compreensão. Quando percebeu que ele conseguia compreender bem, avançou um pouco mais, incluindo aí tudo o que tinha de futebol para usar: camisas de futebol, jogadores de futebol, clubes de futebol, álbuns e figurinhas de futebol, músicas sobre futebol.

Tentava estimular as suas percepções a partir de sons que lhe eram familiares e, mais do que isso, eram extremamente importantes em sua vida.

Avançava muito lentamente. Ia fazendo com que ele tentasse repetir as vogais e as sílabas do clube do coração e de seus principais ídolos, corrigindo-o quando era preciso e reanimando-o quando o resultado não era o esperado.

— Ele demonstrava uma vontade muito grande de falar. E, para ajudá-lo, eu trabalhava com aquilo que ele mais gostava. Não à toa, aprendi muito sobre futebol naquela época — brincaria Ana Flávia ao relembrar as primeiras sessões.

Era um trabalho que se julgava, pouco a pouco, promissor, mas com nada que indicasse que ele falaria na véspera de Natal. E, ainda por cima, uma outra curiosidade tornaria tudo aquilo ainda mais inexplicável.

Seria a própria Ana Flávia quem explicaria as peculiaridades daquele caso:

— Normalmente, pacientes graves voltam a falar aos pouquinhos, reaprendendo novos fonemas a cada vez. Mas quando Gabriel voltou, em poucos dias ele recuperou todo o vocabulário anterior.

Era, enfim, um problema a menos com que se preocupar. Um motivo a mais para se alegrar.

Aliás, poucos dias depois do Natal, mas ainda antes do Ano Novo, foi realizada a solenidade de premiação dos campeões paraibanos de futsal de 2013 pela Federação Paraibana de Futsal.

Gabriel, ainda que de cadeira de rodas, ainda que debilitado, ainda que com claros problemas motores à época, era um autêntico campeão paraibano. Foi a segunda saída dele de casa.

O evento aconteceu no ginásio da APCEF, e o colocou de volta em um ambiente que ele conhecia tão bem, remetendo a uma atmosfera esportiva de tantos gols, tantas vitórias, tantas emoções. Era o primeiro reencontro dele com seus jovens amigos de time. Campeões como ele. Que tanta saudade demonstraram diante de sua ausência.

Gabriel chegou com o uniforme completo do Cabo Branco, falando algumas poucas palavras e já realizando alguns movimentos lentos com as mãos que lhe permitiam fazer um "legal" com o dedão da mão direita e apoiar — ainda que precariamente — o troféu de campeão.

A taça, inclusive, foi-lhe entregue a pedido dos companheiros de time mesmo ele não tendo sido o capitão no título conquistado ainda no primeiro semestre do ano.

Foi mais um momento comovente daquela recuperação, repleto de aplausos fortes, choros, demonstrações de carinho e de afeto.

Aos poucos, a vida ia seguindo seu rumo. As esperanças, tornando-se mais cristalinas. O futuro se apresentava mais longínquo.

***

— Vamos, Gabriel, só mais uma vez. E depois eu deixo você descansar por dois minutos.

Ele assentia, receoso.

Deitado na cama de hospital alugada — que ocupava o centro da suíte de seu avô e de sua avó —, ainda muito magricelo, todo vestido com o uniforme do Fluminense, não parecia estar muito certo de que queria mais daquilo.

Ainda assim, assentia.

Sheva, então, fazia um novo alongamento nas pernas do menino, que contraía o rosto até recomeçar a chorar de dor. Ela não parava de imediato. Não se mostrava tão disposta a ceder ao primeiro sinal de desconforto. E, a despeito do claro sofrimento, a fisioterapeuta insistia um pouco mais.

Quando parava, sorria docemente. Elogiava a coragem do menino. E, mais importante em todo aquele processo, respeitava à risca a promessa feita de um rápido descanso antes de qualquer novo exercício.

Gabriel era uma criança incrivelmente disciplinada para quem tinha apenas oito anos. Mas, ainda assim, era uma criança. Que sofria muitas dores ao longo das sessões de fisioterapia. De forma que aquele tipo de negociação era comum entre ele e Sheva.

As sessões duravam uma hora e eram sempre muito cansativas. Não raro, elas acabavam com o menino exausto, suado, irritado. Mas ele sempre fazia os exercícios, inspirado principalmente pela ideia de estar de volta aos treinos de futsal. De voltar a jogar como Fred, o seu ídolo, à época craque do Fluzão.

Em todo caso, as sessões eram mais do que necessárias. Simplesmente não havia possibilidade de recuperação sem dor:

— Depois de tanto tempo parado, os músculos de Gabriel estavam se adaptando à inflexão. Encolhidos e atrofiados. E retornar à posição inicial de extensão incomoda, provoca dores fortes — explicaria ela.

Dois minutos se passavam. O trabalho era retomado. As negociações, as dores, os choros e a exaustão igualmente voltavam à tona.

Com Assis Neto, os trabalhos não eram muito diferentes. A única mudança, ao menos no início, era que, por Neto ser maior, mais forte, ele conseguia sustentar o peso de Gabriel e levá-lo nos braços até o sofá da sala de estar para fazer com que o menino mudasse de posição desde os primeiros momentos de trabalho.

Neto era são-paulino. Muitas vezes, já chegava na casa de Gabriel fazendo alguma piada futebolística. Ajudava a quebrar o clima, a tornar tudo mais ameno, até que os trabalhos eram iniciados.

Quando era para alongar, continuava imitando um chute a gol com as pernas, uma comemoração com os braços, outros movimentos mais que tinham o futebol como inspiração. Gabriel igualmente chorava, sentia dor, gemia, mas seguia em frente.

— Tínhamos que ensinar Gabriel a fazer tudo de novo. A voltar a realizar como antes os movimentos mais básicos — frisaria o fisioterapeuta.

Ambos, Sheva e Neto, realizavam trabalhos semelhantes de analgesia e de recrutamento de grupos musculares que obedeciam a uma mesma sequência, visando colocar o menino em pé para, depois, fazê-lo andar. Primeiro foram os exercícios de alongamento, depois os de sustentação, em que ele já seria colocado no chão, mas ainda sem conseguir se sustentar.

Quando ele foi ficando cada vez mais firme, já era possível fazê-lo se arrastar pela casa. Inicialmente engatinhando, feito uma criança que começa a testar os primeiros movimentos, e posteriormente se segurando nas paredes da casa, amparado por alguém ou sustentado por um andador.

Naqueles primeiros dias, os exercícios eram sempre em casa. Depois, com o tempo, mais ou menos com a chegada de janeiro, pouco a pouco as sessões de fisioterapia passariam para o Salão de Festas do prédio, onde havia mais espaço, o qual poderiam usar nas horas vagas como uma quadra de futsal improvisada.

A virada de ano, por sinal, se deu sem acontecimentos extraordinários do ponto de vista da recuperação. A não ser pela própria notícia de que Gabriel chegava enfim ao ano de 2014, um feito que centenas de pessoas julgavam impossível de acreditar lá pelas bandas de novembro.

Era ano também do nascimento de Davi. De Copa do Mundo no Brasil. Estavam todos eufóricos quando janeiro chegou, portanto. E, de forma mais que merecida, comemoraram intensamente aquele Réveillon em especial.

Foi nesse clima feliz, mas ao mesmo tempo sem tantos descansos, que janeiro chegou. Gabriel treinou no dia 31 de dezembro, teve folga em 1º de janeiro, voltou aos trabalhos no dia 2. Era um atleta. Mantinha vida e rotina de atleta. Conversava como atleta, incentivado que era pelos pais, pelo irmão Rafael, pelos fisioterapeutas.

Gabriel ainda não andava. Não conseguia ficar em pé sozinho, não tinha força de sustentação. Mas, já no Salão de Festas, a fisioterapia ganhava novos elementos.

Muitas vezes, seguravam-no pelos braços e mandavam-no chutar uma bola. O mais forte possível. O mais preciso possível. O mais eficiente possível também. As pernas doíam com o movimento, ele gemia de tempos em tempos, mas seguia enquanto suava e chorava.

Naqueles momentos, o irmão Rafael era quase como um companheiro de time. Participava junto, pegava a bola e a reposicionava depois de cada chute; vibrava a cada lance, comemorava quando a bola ganhava mais força do que da última vez.

Muito do que ele conseguiu fazer, e no pouco tempo em que de fato fez pela primeira vez, era possível apenas por causa daquela grande quantidade de estímulos. E também por causa de seu passado como jogador de futsal que, mesmo na base, treinava quase todos os dias da semana.

Aquela condição, naquele momento, pois, era usada em favor do menino. Numa dosagem precisa que o fazia superar os limites que a doença passara a lhe impor num ritmo acima do esperado, sem que para isso ele fosse colocado sob riscos.

Mas, definitivamente, não era fácil. E exigia uma disciplina e uma frieza impressionantes. De Gabriel, obviamente, mas não só dele. Marcus e Yanna, por exemplo, desde muito cedo, passaram a estimular o filho nas pequenas atividades. Em decisões e em comportamentos nem sempre fáceis, mas que era essencial serem seguidos à risca.

Certa vez, o menino queria que os pais dessem a comida dele na boca. Estava cansado, com preguiça, irritado. Sabe-se lá o que se passava na cabeça de Gabriel. Mas ele pedia choramingando, implorando até, e se negava a comer sozinho.

Não houve acordo. Era uma época em que Gabriel já conseguia comer de colher, sentado, apesar das dificuldades óbvias que os movimentos limitados lhe impunham. Marcus foi irredutível:

— Pegue a colher, Gabriel. E coma — disse-lhe com voz firme.

O pai não cederia. Continuou observando o filho em tom sério e repetiu a ordem de que ele comeria sozinho, visto que já conseguia se movimentar e tinha a autonomia necessária para tanto.

Sem outra alternativa, o filho recuou. Mesmo contrariado, pegou a colher e pôs-se a comer lentamente, silencioso, carrancudo.

Algumas vezes, esse tipo de atitude provocava certa incompreensão. Suelene, a avó materna, é uma das que falariam sobre o assunto. Ela confessaria que, à época, chegou a ficar algumas vezes chateada com o genro, achando-o duro demais com o menino ainda enfermo.

Em nenhum momento comentou o que sentia, nunca questionou as decisões do pai da criança, mas de fato ficava incomodada:

— Eu ficava com raiva. Ficava indignada. Às vezes, eu achava Kiko exigente demais. A gente ficava querendo fazer tudo por Gabriel para amenizar o seu sofrimento e ele nos impedia, dizendo que era o próprio menino quem precisava fazer as coisas — relembraria.

Fernanda, a irmã de Yanna, faria coro à mãe:

— Nós éramos muito superprotetoras. Ficávamos querendo mimá-lo a todo momento. E, por causa disso, a gente nem sempre entendia toda aquela rigidez.

O pai de Gabriel, no período de recuperação, era sempre muito atento aos pequenos detalhes. E passava a cobrar do filho tudo aquilo que ele já reaprendera a fazer. Num trabalho diário e constante, que contava com a cooperação e com a concordância de Yanna.

Tantos anos depois, inclusive, Suelene e Fernanda são unânimes em reconhecer os méritos de Marcus na rápida recuperação do menino. E admitem que o momento não era mesmo de proteção exagerada, de mantê-lo na zona de conforto:

— A forma como Kiko agiu deu segurança e força para Gabriel melhorar. Ele tentava mostrar a todo momento que o filho precisava superar aquilo, que a partir dali ele precisava ter vida normal — contaria Fernanda.

Todo esse trabalho começava a surtir um efeito inacreditável. Gabriel parecia cada vez melhor. E, com o passar do mês de janeiro, começou a ganhar certa autonomia, ao menos dentro de casa.

Ele ainda não conseguia se levantar nem se sentar sozinho. Mas, uma vez colocado na posição desejada, já conseguia se manter nela. Quando ficava em pé, o desafio era permanecer completamente ereto, o que exigia uma força e uma superação imensas. E, ao tentar andar, ainda não possuía a segurança necessária. Fraquejava, precisava se apoiar, fazia um esforço tremendo para não tombar.

Estava longe de ser o processo natural que se esperava de uma criança de oito anos, mas já era um avanço e tanto, que começava a surpreender enormemente os fisioterapeutas.

18
O CASAMENTO

Gabriel andou pela primeira vez, depois de todo aquele problema grave, no dia 12 de janeiro de 2014, menos de um mês após ter deixado o hospital de cadeira de rodas e sem conseguir se mexer.

Os pais dele tinham combinado ainda em dezembro que fariam uma missa em ação de graças para comemorar o milagre que a vida do menino representava, mas tinham decidido que esta só aconteceria quando ele já estivesse em condições de vivenciar o momento, de participar da celebração.

A expectativa, portanto, era a de que a missa só acontecesse bem mais para a frente, mas, como Gabriel se recuperava de forma impressionantemente rápida, ela foi marcada já para aquele início de janeiro.

Era um domingo pela manhã. E a missa seria ministrada pelo padre Glênio justo na Comunidade Maná. Era, portanto, uma celebração cheia de simbologias importantes.

O centro de orações estava completamente lotado. De familiares, amigos, companheiros de time e de futsal, profissionais de saúde, entre tantos outros. E coube a Glênio a ideia de o menino entrar na igreja caminhando.

Gabriel, pois, andou pela primeira vez naquele dia. Era uma vitória e tanto, não restavam dúvidas. Mas, a rigor, aquela nem poderia ser considerada oficialmente uma caminhada de fato.

Ele ainda não possuía equilíbrio, não tinha força adequada nas pernas, não conseguiria dar nem mesmo um passo sozinho. Moveu-se lentamente pela casa de orações a caminho do altar, sob a vista de todos os presentes completamente incrédulos, segurado e apoiado firmemente pelo pai, acompanhado também da mãe e do irmão, que o ajudavam a sustentá-lo.

Aquela ajuda, na verdade, não tornava a cena menos importante. Em condições normais previstas por médicos e fisioterapeutas, seria uma cena completamente impossível de se ver naquele dia.

Gabriel, na verdade, estava pelo menos cinco meses adiantado nas previsões iniciais mais otimistas, e estavam todos estupefatos com aquilo tudo. E, muito por isso, a celebração religiosa foi das mais emocionantes, das mais felizes, das mais comemoradas.

Ainda assim, no estágio de recuperação em que se encontrava, Gabriel não tinha condições de entrar na igreja no dia do casamento de Ana Raquel e Bruno, que aconteceria dali a 13 dias.

Paciência. Os avanços já eram maravilhosos. Haveria de surgir novas oportunidades. Eles continuariam a trabalhar duro, a treinar duro, a viver um dia de cada vez de forma igualmente intensa em busca da plena recuperação.

Os dias se seguiram. Os exercícios fisioterápicos continuavam a ser realizados diariamente. As dores iam se adaptando, mudando de intensidade e de lugar, à medida que outras partes do corpo começavam a ser trabalhadas. Os avanços eram igualmente contínuos.

Até que, no dia 24 de janeiro, véspera do tão esperado casamento, Gabriel caminhou. E aí caminhou mesmo. Sozinho. Firme. Durante mais uma das cansativas e dolorosas sessões de fisioterapia ao lado de Sheva.

Devagar, é bem verdade. Com um cuidado comovente sobre si mesmo. Mas, ainda assim, era uma caminhada austera de quem consegue se locomover com os próprios passos.

Ele ainda não tinha a força e a rigidez necessárias nos músculos da coxa para se levantar ou se sentar sozinho. Mas, naquele dia, ele andou, não restavam mais dúvidas. E ficou tão maravilhado com aquela conquista, que partiu do próprio Gabriel um interesse inusitado. E comovente:

— Eu quero entrar na igreja amanhã.

Marcus e Yanna se arrepiaram imediatamente ao escutarem aquelas palavras. E, tão logo se recuperaram da emoção do momento, ligaram para Ana Cláudia, a mãe da noiva, e para Ana Raquel, a noiva.

Contaram por telefone os últimos acontecimentos e não puderam deixar de notar que ambas se emocionavam enormemente com a notícia que recebiam. Foi com as vozes embargadas, aliás, que propuseram Gabriel entrar com a imagem de Nossa Senhora.

O argumento de Ana Cláudia seria irrefutável:

— Afinal, foi pelas mãos dela que ele sobreviveu.

Ana Cláudia, Ana Raquel, Bruno, tantos outros... Eles tinham passado por momentos muito amargos nos últimos meses. O casamento já havia sido marcado quando Gabriel foi internado e ficou entre a vida e a morte, e ninguém sabia bem como aconteceria a festa. Chegaram a diminuir drasticamente o número de convidados, limitaram-nos basicamente às famílias dos noivos e ficaram no aguardo das notícias.

Dentre as possibilidades iniciais mais pessimistas, havia o temor da morte de Gabriel ou de que o casamento chegasse e ele ainda estivesse internado, em estado vegetativo, sem respostas sobre o futuro. E ninguém se sentia muito animado em fazer uma festa de grandes proporções se um daqueles cenários se tornasse realidade.

Por esse motivo, a empolgação para o casamento só foi retomada mesmo na época da alta de Gabriel, e se tornava crescente à medida que se aproximava e conforme as notícias sobre o menino se tornavam cada vez mais otimistas. De forma que vê-lo entrar na igreja justo naquela solenidade de casamento que ficara ameaçada de acontecer sem tanto brilho seria como uma verdadeira apoteose.

Antes, contudo, havia um novo desafio, surgido de última hora. A caminhada que Gabriel dera fora sem segurar nada, e, se ele quisesse carregar a imagem de Nossa Senhora, precisaria treinar antes.

Ele topou. Ainda na véspera, e também no dia do casamento, transformou aquele obstáculo numa grande diversão em família. O corredor do apartamento virou, na simulação, o corredor da igreja, e seguidamente ele repetiu a cena. Caminhava segurando uma imagem de madeira que era bem mais leve, e fazia todo o percurso. Uma vez, depois outra, mais outra, até colecionar dezenas de repetições.

Até perceber que já não fraquejava tanto, até sentir que já sustentava mais os braços na posição correta.

O sinal verde fora dado bem perto da hora da cerimônia. Ana Cláudia e Ana Raquel foram avisadas por Marcus de que Gabriel estava pronto. E elas conversaram com o noivo. Não dava tempo de avisar a muito mais gente. Apenas algumas poucas pessoas do cerimonial, por exemplo, também seriam informadas antes da hora sobre tudo o que aconteceria naquela igreja.

***

A Catedral Basílica Nossa Senhora das Neves, localizada no Centro da capital paraibana e considerada uma das mais belas da cidade, estava encantadoramente bem ornamentada. A cerimônia começara naquela noite de sábado e os noivos, alegres, nervosos e atentos, já eram abençoados pelo padre em meio aos rituais litúrgicos típicos de um casamento católico.

Quase todos os bancos da igreja estavam ocupados e o clima era da mais pura felicidade. Com o desenrolar do casamento, chegou a hora de uma homenagem a Maria. A princípio, na visão da grande maioria dos presentes, era apenas mais um dos muitos momentos bonitos que seriam registrados naquela noite.

Inicialmente, começou a tocar a música "Nossa Senhora", que na década de 1990 fora consagrada na voz do cantor Roberto Carlos. Em seguida, teve início um lento movimento na parte de trás da igreja, que pouco a pouco foi chamando a atenção dos convidados.

A grande maioria dos presentes era parente em algum grau dos noivos, conhecia bem Gabriel e sua família, sabia de todo o drama que ele vivera, e estava absolutamente certa de que o menino simplesmente ainda não conseguia andar.

De forma que, quando os pescoços começaram a se virar e os olhares se desviaram do altar para o fundo da igreja, e as pessoas, pouco a pouco, começaram a se dar conta de que quem carregava a imagem de Maria era o próprio Gabriel, foi um espanto. Uma sequência de exclamações avançando lentamente, que mais parecia uma "ola" realizada em um estádio de futebol lotado.

Sobre aquele instante, Ana Raquel diria depois que não se lembra de ter visto uma única pessoa naquela igreja que não tenha chorado, completamente emocionada com a cena que se testemunhava.

Ela mesma admitiria que, afinal, estava bastante nervosa até então e não conseguira sentir de forma mais leve o próprio casamento. Mas, ali, tudo mudaria:

— Quando Gabriel entrou caminhando pela igreja, eu senti uma sensação tão boa, uma tranquilidade tão agradável, que enfim relaxei. Relaxei e chorei também, emocionada. Era como se fosse um anjo entrando e nos transmitindo paz.

De repente, inclusive, Ana Cláudia se daria conta de que nem o padre da cerimônia sabia o que estava se sucedendo. E, como ela estava ali pelo altar, tratou de informá-lo rapidamente sobre tudo o que Gabriel havia vivido.

Ele ficou completamente abobado. E acabou quebrando um pouco o protocolo da cerimônia. Em meio à música, que acabaria sendo baixada em alguns tons para não concorrer com o religioso, ele começou a falar de milagre, de fé, de Deus, de cura. Foi uma cena santa e forte inclusive para o padre, que falava com uma devoção comovente.

Era como se todos pudessem testemunhar o milagre bem ali na frente deles, caminhando por toda a extensão da igreja, carregando sorridente a imagem de Maria no quadragésimo primeiro dia de uma recuperação dura e absurdamente inexplicável.

Na verdade, era até difícil de acreditar. Se a previsão inicial de seis meses fosse confirmada, era para naquele momento Gabriel estar, se muito, mexendo os dedos dos pés ou erguendo por poucos segundos a própria perna, ainda no início do processo de fortalecimento muscular.

No entanto, ele estava ali, caminhando, vestido elegantemente com um fraque escuro, com a mesma expressão meiga que lhe era peculiar.

Um pouquinho atrás dele caminhavam Marcus, Yanna e Rafael. O pai, puro sorriso. A mãe, com a barriga de grávida ainda mais protuberante, num misto de sorriso e choro emocionado. O irmão, com aquela típica expressão levada e feliz ao mesmo tempo.

Mas caminhavam como coadjuvantes daquela vez, espécies de porto seguro para o menino, apenas para que ele soubesse que a qualquer eventual problema teria pessoas queridas para lhe ajudar.

Não foi preciso qualquer interferência. Aquele, por assim dizer, foi o primeiro voo solo do menino, que caminhou um percurso relativamente grande sem apoios, sem amparos, sem ser segurado por quem quer que fosse. Mesmo depois de tantos anos, é uma cena bonita de se imaginar. Um clima forte de se sentir mentalmente.

As palavras carregadas de emoção do padre, misturadas à música intensa dos instrumentistas e à caminhada lenta, mas resoluta, de Gabriel. Tudo isso acompanhado por dezenas e dezenas de olhares lacrimejantes, peles arrepiadas, felicidades incontidas, até a chegada ao altar, quando o menino ainda encontrou forças para subir alguns degraus e entregar a imagem de Maria para a noiva que, àquela altura, chorando muito, ergueu-a diante dos convidados. A partir daí, uma salva de palmas das mais contagiantes e prolongadas se irrompeu no interior da igreja.

O casamento chegava ao ápice da emoção, do arrebatamento, do extravasamento. Continuaria sendo uma noite incrível. Uma festa extremamente bonita e animada. Sem hora para acabar. Sem motivos para tristezas ou desapontamentos. Sem dores, sem dramas, sem medos. De uma leveza que fazia bem ao coração de todos ali.

19
DE VOLTA ÀS QUADRAS (E OUTRAS EMOÇÕES)

— Vamos, Gabriel, eu quero uma camisa do Real Madrid. Agora!

E lá ia o menino, caminhando como podia, identificar qual dentre aquelas tantas camisas era o uniforme do time madrileno.

No momento seguinte, uma nova ordem:

— Gabriel, rápido, braço direito na bola amarela!

O menino, então, saía da inércia até cumprir à risca o movimento, enfrentando as inseparáveis dores e os frequentes desconfortos dos exercícios físicos e das repetições ininterruptas.

Depois da sua aparição no casamento, depois de começar a andar, depois da autonomia maior que o caminhar lhe possibilitava, o menino intensificava aquele que seria o último estágio de sua recuperação com a fisioterapeuta Sheva Castro. Mas, ao mesmo tempo, aquele que seria o mais longo e mais desafiador: as chamadas atividades de dupla tarefa.

Os trabalhos, a partir dali, aconteceriam fora do prédio da família. Houve sessões na praia, por exemplo, mas a maioria aconteceria dentro do consultório da fisioterapeuta, que tinha incontáveis recursos a serem utilizados: cama elástica, corda, cones, bolas etc. E tudo aquilo seria de fato usado até a exaustão na parte final de recuperação dos movimentos de Gabriel.

Já na segunda-feira, apenas dois dias depois do casamento de Ana Raquel e Bruno, começaria o ano letivo de 2014 na escola dele e do irmão. E, numa daquelas decisões corajosas, que serviam exatamente para mostrar ao filho que ele deveria seguir a vida sem se lamentar muito por tudo o que passara, Marcus e Yanna decidiram que era a hora de ele voltar ao colégio.

Nos primeiros dias, Yanna ainda iria junto, acompanhando-o. Pediu autorização ao colégio, alegando que ele ainda requeria alguns cuidados, e os diretores não se opuseram.

Gabriel, na verdade, ainda não conseguia nem se sentar nem se levantar sozinho; logo, tinha dificuldades de acompanhar muitas das atividades. Era por isso que Yanna julgava importante a sua presença na escola, ainda que o observando mais à distância e só interferindo quando necessário.

Bastariam alguns dias, contudo, e ela rapidamente perceberia que sua presença não era mais tão fundamental. Yanna ficara extremamente comovida, ainda no primeiro dia, com o cuidado que os amiguinhos de Gabriel tinham com ele. E se lembraria de forma ainda mais emotiva que eram as amigas que iam na direção dele ajudá-lo sempre que era preciso se levantar ou se sentar.

Isso a acalmou. A confortou. Logo viu que o filho era querido e estaria protegido na escola, entre os amigos, entre os professores. Tinha apenas oito anos, completaria nove ao longo daquele 2014, mas haveria de se dar bem em seu retorno às aulas.

Lá pelo décimo dia, ela deixou de ir ao colégio. Vilanir (ou Vivi, como todos a chamavam), uma moça que trabalhava com Yanna e de extrema confiança da família, ainda acompanharia Gabriel por mais algum tempo ao longo de fevereiro, mas os riscos já eram mínimos àquela altura.

Yanna respirava aliviada. Tudo terminaria bem com o seu filho mais velho, como, aliás, ela sempre acreditou. Estava pronta, enfim, para cuidar de si mesma. Estava pronta, pois, para voltar ao mesmo Hospital da Unimed de tantos sofrimentos, desta vez para sentir a felicidade extrema de ter o seu terceiro filho, que havia tanto tempo ela carregava na barriga em meio a medos e turbulências.

Davi Miguel nasceu no dia 11 de fevereiro de 2014. Era Davi porque o nome fora uma escolha conjunta dos dois irmãos. Mas, no fim das contas, e depois de tantos milagres, ganhou o Miguel por ser também nome de arcanjo, tal qual Gabriel e Rafael.

No dia do parto, foram todos para o hospital. E Gabriel entrou caminhando pela mesma porta pela qual, menos de dois meses antes, saíra sem andar, sem falar, sem sustentar o próprio peso.

Pegaram o elevador. Antes de se dirigirem ao setor de maternidade, foram todos até a UTI Pediátrica. Já na recepção que antecede a Unidade, Gabriel foi reconhecido. Não de forma contida, mas por um grito de susto de alguém que, ao vê-lo, simplesmente não acreditava estar diante de quem de fato via.

Alguém correu para dentro da UTI e, pouco a pouco, os médicos, os fisioterapeutas, os enfermeiros foram deixando o local para conferir se era verdade mesmo o boato que circulava de que Gabriel chegara caminhando até ali.

A cena que se seguiu mostraria a singularidade daquele caso. Porque o que se viu foi uma incrível sequência de exclamações emocionadas de profissionais de saúde tão acostumados com o sofrimento e com o sentimento de perda que, de repente, sentiam o outro lado, o lado do inexplicável, da vida que suplanta a morte de forma indescritível. Muitos choraram, muitos fizeram questão de tirar fotos abraçados com o menino, que sorria e se tornava ainda mais tímido diante de tanta algazarra em torno dele.

A presença de Gabriel no hospital virou um verdadeiro acontecimento. Mas a cena mais simbólica de todas, a mais emocionante, foi vivida na privacidade do apartamento do hospital, pouco depois de Davi ter nascido completamente saudável e sem nenhum tipo de sequelas — apesar dos riscos que a longa exposição à UTI poderia ter causado.

Sentado numa poltrona, Gabriel recebeu Davi nos braços e o observou ternamente. Uma cena singela, de certa forma rápida, mas eternizada por foto. Uma cena que ficou muito perto de nunca acontecer, mas que, a despeito das dúvidas de quem quer que seja, fora inúmeras vezes imaginada e idealizada por Yanna. E por isso ela sentia lentamente os olhos se encherem de lágrimas ao presenciar aquela almejada interação entre irmãos.

Foi uma fase absolutamente bonita. Com vários momentos de diversão e de arrebatamento. Mas sem nunca perder o foco na recuperação plena de Gabriel, é importante registrar. E, com a nova rotina de aulas, as sessões de fisioterapia ficariam ainda mais puxadas, agora todas concentradas no turno da tarde.

Elas, por sinal, seguiriam initerruptamente, agora mais centralizadas em Sheva, que tinha uma formação aprofundada e específica para as tais atividades de dupla tarefa, que eram essenciais para a recuperação total dos movimentos do menino.

— Gabriel, quero que você ande em ziguezague o mais rápido que você conseguir.

Os exercícios eram cada vez mais complexos, cada vez mais elaborados. Exigiam pensar em mudanças de direção, obrigavam a trabalhar o equilíbrio, estimulavam a noção de espaço e de profundidade.

Além do mais, os trabalhos eram cada vez mais parecidos com um típico treino de futsal:

— Nós precisávamos dar uma motivação a ele. E a gente conseguia isso com o futebol. Precisei passar dias e mais dias pesquisando, e mesmo eu, que nunca gostei tanto de futebol, aprendi muito sobre o assunto — explicaria Sheva, sorridente, ao falar daquela época.

No fim das contas, as inversões de movimento foram as últimas das conquistas de Gabriel:

— Ele já tinha recuperado a força. Já conseguia transferir o peso entre as pernas e andava bem sem apoio. Mas tinha extrema dificuldade para mudar de direção bruscamente. Ainda faltavam algumas comunicações entre corpo e cérebro serem restabelecidas.

Era justamente por isso que os treinos agora tinham aquelas tentativas de ziguezagues, de dribles, de corridas para frente e para trás. Nem sempre bem-sucedidas. Mas sempre muito cansativas e doloridas. A dor, no fim das contas, era uma parceira constante em todas aquelas sessões.

— Vamos, Gabriel. Rápido. Isso. Para. Volta! — incentivava Sheva, no melhor estilo técnica de futsal.

A parada brusca, contudo, não saía como o esperado. E o movimento de retorno era abandonado antes mesmo de ser iniciado. Mas era assim mesmo. Um trabalho lento e constante que, no fim das contas, acabou sendo agilizado por dois acontecimentos inesperados envolvendo o futsal, registrados antes mesmo do nascimento de Davi Miguel, mas que se repetiriam por alguns meses pela frente.

O primeiro deles foi que o técnico de Gabriel antes de todo o problema, Rodrigo Souza, bateu um papo com Marcus certa vez e resolveu frequentar esporadicamente algumas sessões de fisioterapia do menino, com o único intuito de apoiá-lo em sua luta pela recuperação.

Na primeira vez que isso aconteceu, inclusive, foi uma festa. Gabriel foi vestido com o uniforme completo do Cabo Branco, avisado que estava de que aquele dia era de treino com Tio Rodrigo, justo para apressar o retorno às quadras.

Quando viu o professor, o espírito atleta taticamente disciplinado, apaixonado por futebol, se expandiu ainda mais. Ele foi tomado por uma alegria, por uma empolgação por jogar, por uma garra, uma energia, que lhe fez superar melhor as dores agudas, as dificuldades, as limitações que insistiam em lhe impedir de realizar as mudanças de direção da forma esperada. Aquilo teria um efeito incrível na empolgação do menino em seguir lutando.

Já o segundo dos acontecimentos teve a ação direta do pai, que resolveu levar adiante uma ideia aparentemente maluca. Marcus, pois, foi até Nildo Gonçalves, responsável principal pelo futsal do Cabo Branco, e fez um pedido inusitado.

Queria a autorização do professor para que Gabriel treinasse no time Sub-4, com atletas que tinham a metade da idade dele, mas o que lhe permitiria sentir novamente o prazer de entrar numa quadra de futsal.

Nildo, a princípio, mostrou-se reticente, mas depois cedeu diante das insistências. Na verdade, nada pararia Marcus naquela sua intenção de fazer o filho voltar a se sentir um jogador de futsal:

— Lembro como hoje do primeiro treino. Yanna e eu na arquibancada, observando. O professor mandou os meninos darem uma volta na quadra para aquecer. Gabriel corria um pouco, caía. Ele não se levantava só. Alguém precisava ajudar. Ele corria mais um pouco e caía de novo. A cena se repetia. Ele seguia resoluto. Deu uma volta inteira na quadra entre quedas, levantadas e corridas curtas — relembraria Marcus, orgulhoso do jeito obstinado que o filho demonstrara.

Gabriel não parecia ter nenhum tipo de vergonha por estar entre os mais novos. Estava feliz demais para vergonhas, para dizer a verdade. E, entre um treino e outro, entre uma sessão e outra de fisioterapia, arriscou o primeiro chute. Fraquinho, sem direção, sem força alguma.

A dedicação, no entanto, seguia a mesma. De Gabriel, na quadra, e dos pais, na arquibancada. Nenhum deles faltava um dia que fosse. E Marcus, além disso, não perdia um único lance, registrando tudo pela câmera do celular.

Foi essa obstinação de pai e filho que fez com que o primeiro registrasse algumas das mais incríveis revoluções que o segundo apresentava em quadra e em si mesmo. Não só por causa dos treinos, mas também por causa das sessões fisioterápicas.

Um dos primeiros registros de Gabriel em quadra data de 4 de fevereiro de 2014. É um vídeo gravado por Marcus. O filho corre lentamente, com passos confusos e desorganizados, passa atabalhoadamente por alguns cones, simulando dribles em jogadores rivais imaginários, e corre um pouco mais até perto daquela que seria a área adversária. Vira-se com extrema dificuldade e espera para receber a bola, que chega até ele bem devagar, passada de forma vagarosa justo para evitar qualquer tipo de acidente.

Há um segundo vídeo que vale registrar. Ele é datado de 29 de abril do mesmo ano, num intervalo, portanto, de menos de três meses para o anterior. É emblemático porque Gabriel realiza o mesmo exercício, exatamente no mesmo ponto da quadra do Clube Cabo Branco, mas algo é impressionantemente diferente. Gabriel corre rápido, passa pelos cones com uma agilidade considerável, reacelera impetuosamente até a entrada da área e se vira para receber a bola. Essa é passada de forma já bem mais veloz. Ele mata de pé direito, faz o giro, se prepara para o chute e, no momento definitivo, acerta a trave.

Apenas na hora do giro Gabriel demonstraria alguma dificuldade. Mas a evolução era claramente perceptível, e absurdamente grande para um intervalo de tempo tão pequeno.

No mais, havia a trave. Era um mero detalhe, é bem verdade. A recuperação de Gabriel era o que importava, afinal de contas. Ao mesmo tempo, como esquecer? Ah, a trave! Era impossível não lamentar. Que injusta foi ela ao evitar o registro daquele gol, do menino que lutara toda uma vida em cinco meses pelo sonho sagrado de voltar a viver aquele momento sublime.

Paciência. O gol não saíra naquele lance. Mas o sentimento era de título, de comemoração apoteótica, de vitória incondicional. E, claro, uma vez produzidos, esses vídeos eram rapidamente repassados via WhatsApp para a equipe multidisciplinar que cuidara dele nas diferentes etapas do tratamento.

Era a forma que Marcus e Yanna tinham de agradecer o empenho, de apresentar os resultados, de comemorar juntos cada uma das vitórias. As reações eram as mais fortes. Os depoimentos, os mais impactantes. As emoções, as mais intensas. Todos fortemente agradecidos por terem feito parte de uma história incrível daquelas. De terem sido testemunhas de algo absolutamente fantástico e ao mesmo tempo vivamente real.

20
O BOLEIRO E O MARACA

— Oooooi, Fred.

A voz arrastada e lenta não escondia a surpresa. Muito menos a emoção e a felicidade. O seu grande ídolo no futebol, o primeiro grande craque que ele vira jogar no Fluminense de tantas alegrias, estava de repente bem à sua frente. Demonstrando uma simpatia ímpar, um carinho mais do que especial, chamando-o pelo nome e lhe presenteando com uma camisa 9 do Fluzão — a mesma do artilheiro — feita sob medida para ele.

Era setembro de 2014 e o menino estava bem. Na fase final de um tratamento anticonvulsivo, pelo qual ele precisara passar à base de medicamentos e que o deixava um pouco inchado, gordinho, com a voz mais lenta; mas também na fase final da fisioterapia, com praticamente todos os movimentos já recuperados e sendo bem executados.

Questões mais específicas, como reaprender a ler e a escrever, há muito já tinham sido superadas, e ele inclusive ia bem no colégio, sem nada que levasse a preocupações.

Era uma vida que voltava à normalidade, um ano feliz que culminaria naquele encontro mágico. Mas essa história boleira começaria bem antes de setembro.

Porque, ainda em janeiro, quando a cura começava a ser uma certeza clínica mais evidente, Marcus se encheu de coragem e lembrou do grande sonho de sua infância, o grande sonho também de seus filhos: assistir de dentro de um estádio a uma partida de Copa do Mundo — que aconteceria entre junho e julho no próprio Brasil, 64 anos depois da última vez que isso acontecera.

Conseguiu comprar ingressos para algumas partidas depois de se inscrever e ser sorteado num concorrido processo que a FIFA impunha, e se preparou para se divertir em família.

Iriam todos. Marcus e Yanna, os filhos, alguns outros parentes mais próximos que também tinham comprado ingressos. E dois jogos chamariam a atenção. Curiosamente, dois realizados pela Seleção Brasileira em Fortaleza.

No dia 17 de junho, eles estavam na Arena Castelão. Não seria um jogo dos melhores e o Brasil apenas empataria com o México por 0 a 0. Mas era especial, além do motivo óbvio de ser uma partida do time brasileiro, porque foi o primeiro de todos numa Copa do Mundo. E ver o sorriso de Gabriel, abraçado ao irmão Rafael, enquanto os olhos de ambos se hipnotizavam com o gramado à frente deles, depois de tudo o que fora vivido, era uma cena que marcaria enormemente Marcus e Yanna.

Além disso, antes mesmo de a bola rolar, a ficha caiu. Estavam todos bem. Formavam uma família feliz. Tinham superado coisas terríveis para estarem ali, realizando um sonho de infância dos mais ternamente cultivados por quem era verdadeiramente apaixonado por futebol.

Quem descreveria a cena com precisão seria Marcus. Estavam numa das arquibancadas do Castelão, uns ao lado dos outros. Era o momento de preparativo para o início do jogo. Tocou-se uma música protocolar, as bandeiras dos dois países começaram a entrar em campo e, logo depois, os jogadores das duas seleções.

Marcus arriscaria uma olhadela de lado. Via toda a sua família em êxtase. Concentrou-se mais atentamente em Gabriel, que estava bem próximo a ele. Os olhos brilhavam. Um sorriso bobo de fã insistia em se manter preso à sua boca. E transmitia um sentimento bom que era contagiante.

Deu-lhe um rápido abraço, cúmplice, meio de lado, usando apenas um dos braços para evitar que o menino desviasse sua atenção do campo do jogo. Depois, ele próprio se voltou ao gramado. Era a exata hora da execução do hino nacional brasileiro.

E quando os primeiros acordes implodiram alto na atmosfera contagiante do estádio de futebol lotado, e milhares de vozes à sua volta começaram a cantar em uníssono, ele descarregou ali mesmo meses e meses de angústia, de incertezas, de dores e medos. Chorou feito uma criança, feito um menino aliviado que se via perdido e em apuros e que de repente reencontrava o caminho de volta para casa e para os seus.

Foi uma festa magnífica, apesar do resultado sem gols. Um dia inesquecível. Para lá de emocionante. E que resultaria em outros desafios superados por Gabriel. O acesso ao estádio, afinal, não era dos mais fáceis. Por causa de restrições impostas pela FIFA, os ônibus paravam bem longe e havia um longo caminho a ser percorrido a pé. E o menino, por melhor que estivesse, ainda não tinha percorrido um trajeto grande como aquele. Só chegar ao estádio, portanto, já fora uma aventura e tanto. Mais uma a ser vencida pelo boleiro.

A Copa do Mundo seguia. O Brasil ia avançando. Mas Fred, o camisa 9 do Flu e da Seleção, não marcava gols. E era criticado pela imprensa, por muitos dos torcedores, por quem quer que fosse. Não parecia fazer uma boa competição.

Mas essa não era a opinião de Gabriel. Muito pelo contrário. A camisa da Seleção que ele ganhara de presente no último Natal tinha o mesmo 9 de Fred estampado na parte de trás, e ele se irritava de verdade quando falavam mal do ídolo.

Tricolor convicto, transferia sua paixão para o selecionado brasileiro e se encantava com o centroavante a ponto de defendê-lo, de justificar taticamente o seu papel em campo, de dizer que era Fred e mais dez que deveriam ser escalados no time.

De toda forma, o segundo jogo marcante daquela família aconteceria em 4 de julho, de novo na capital cearense, quando haveria uma das quartas de final da Copa. Se desse a lógica, seria mais um jogo do Brasil a que eles assistiriam. Mas, antes, precisariam combinar isso com o Chile, que, numa incrível oitavas de final seis dias antes, complicava perigosamente a vida brasileira.

Foi pelo lado torcedor, claro, mas principalmente por saber que estariam no jogo seguinte vendo mais uma vez o Brasil em campo, que aquela cobrança de pênalti derradeira, que classificou o Brasil, foi comemorada loucamente por Gabriel, por Rafael, por Marcus e

Yanna, por todos os que viviam aquele clima maravilhoso de Copa do Mundo.

Gabriel chorava, encantado:

— Eu vou ver Fred de novo! Eu vou ver Fred de novo! — repetia, satisfeito em ver o ídolo lá de longe, das arquibancadas do Castelão.

O jogo, a propósito, teve seus momentos importantes. Dois gols do Brasil, que venceria por 2 a 1 e avançaria para as semifinais. A contusão grave de Neymar, que deixaria a Copa naquela mesma partida. O clima de festa que se seguiria ao longo de todo o jogo.

Mas, para dizer a verdade, tudo aquilo passara a ser coadjuvante na mente de Marcus e de Yanna. A felicidade de mais um momento ao lado do filho mais velho e de toda a família já lhes preenchia completamente. Já lhes era suficiente.

Voltaram todos para casa em êxtase. Curtiram o que restara de momentos felizes do Brasil na Copa e seriam poupados de assistir de dentro do estádio à tragédia que se seguiria na partida contra a Alemanha.

Passada a Copa, o Campeonato Brasileiro seria retomado. Da Série A e da Série C, diga-se. E, em meio a tudo o mais, às aulas, aos treinos e às fisioterapias que se seguiam, voltava também o prazer do clubismo compartilhado. As idas ao estádio Almeidão para ver o Botafogo-PB foram pouco a pouco retomadas. Os jogos do Fluminense pela TV voltaram a ser sagrados.

Ambos os clubes realizariam boas campanhas, mas, no fim de tudo, nenhum deles conquistaria os objetivos traçados. Isso, contudo, não os impedia de curtir intensamente tudo aquilo. E, ademais, um sonho de muito tempo de Gabriel e de Rafael era conhecer o Maracanã, o templo sagrado do futebol, onde nunca tinham pisado antes.

Marcus, no fim das contas, lá pelo início de setembro, resolveu juntar os sonhos das gerações. Se os meninos nunca tinham pisado no Maraca, ele, por sua vez, nunca tinha assistido a um Fla-Flu. Era o momento certo para isso, afinal. Comemorar em alto estilo a cura de Gabriel vivendo aquilo que eles mais gostavam: Fluminense e futebol.

O chamado Clássico das Multidões, segundo a alcunha consagrada pelo jornalista Mário Filho (que batiza o Maracanã), estava marcado para o dia 21 de setembro, um tradicional domingo de futebol no Rio de Janeiro. Era válido pela 23ª rodada do Brasileirão de 2014.

A caravana sairia de João Pessoa na sexta-feira de madrugada e desembarcaria na capital fluminense nas primeiras horas da manhã. Marcus, Yanna e os três filhos. Além do pai e da mãe de Marcus. Eram três gerações pisando em terras tricolores para uma das experiências mais fantásticas que viveriam.

Ao longo da semana que antecedeu a viagem, a saga de Gabriel tinha chegado ao conhecimento da Globo Rio, que fora informada também que o menino chegaria à cidade para o primeiro Fla-Flu de sua vida menos de um ano depois de sua quase morte.

O assunto chamou a atenção da equipe de esportes da emissora, que escalou o repórter Guilherme Marques (o mesmo que morreria no acidente do voo da Chapecoense dois anos depois) para contar aquela história inacreditável. A produção da Globo, pois, combinou de se encontrar com toda a família de Gabriel depois do almoço da sexta-feira para irem juntos ao treino do Fluminense. Era lá que seria gravada a reportagem.

Chegaram por volta das duas horas da tarde nas Laranjeiras. E lá foram recepcionados também pela equipe de marketing do clube carioca, que se comprometera a ajudar a reportagem de TV no que fosse preciso para viabilizar a matéria.

A programação da tarde começou com um passeio guiado pela sede do Fluminense, que incluía também uma visita à sala de troféus. Nessa primeira parada, quem mais se emocionou foi o vovô Marcus, o mais velho do grupo. Ele encontrou e logo reconheceu Romerito, campeão brasileiro de 1984. Arrepiou-se, tietou-o, conversou longamente, sorridente, como só um fã de verdade sabe fazer.

Depois foram para as arquibancadas do campo da sede tricolor. O treino começara naquele momento e, junto a ele, a reportagem era igualmente iniciada. O objetivo era exibi-la no dia seguinte, véspera da partida, como esquenta para o clássico, tendo Gabriel como personagem principal.

Ele, no entanto, naquele instante específico, era apenas um menino. Em pé, encostado ao alambrado, observando sem piscar a movimentação de todos os seus ídolos. A maioria estava lá. Muitos daqueles que tinham sido campeões brasileiros em 2012: Rafael Sóbis, Carlinhos, Diego Cavalieri, Gum, Cícero, Walter, Conca e Fred.

Os três últimos eram os favoritos de Gabriel. Mas Fred era indiscutivelmente o mais querido, o mais admirado, o mais observado lá de longe.

Naquele período de treinos, inclusive, as várias entrevistas foram feitas por Guilherme Marques. O jovem repórter conversou mais demoradamente com o pai e com a mãe de Gabriel. Mas do menino, que seguia encantado, só conseguiu arrancar uma única declaração, dita em meio a um choro soluçante:

— Eu estou muito feliz.

Quando a bola parou de rolar, chamaram todos para a beira do gramado. E, um a um, os jogadores foram se aproximando.

Marcus lembra de forma mais incisiva de Rafael Sóbis. Uma figura. Uma simpatia e uma educação que chamaram a atenção. Outros tantos fizeram festa, conversaram, passaram um certo tempo batendo papo.

Gabriel se mantinha mais quieto, mais tímido. Rafael, pelo contrário, ficou em êxtase. Enlouquecia com tantos ídolos. E corria de um lado para o outro fazendo festa com quem encontrava. Mas grudou mesmo em Cavalieri. Adorava o goleiro e tinha uma camisa dele. Era uma farra só.

Anoitecia. Os jogadores começavam a deixar a sede do Fluminense. O único que não aparecera era justo Fred. Chegaram a dizer que ele tinha ido embora, que não pudera ficar, que não podia aparecer ali perto dos meninos e de seus familiares.

Gabriel resignou-se. Haveria de perdoar o ídolo, afinal. Sentou-se numa cadeira, sem desconfiar que era tudo um plano compartilhado entre a reportagem de TV e o marketing do Fluminense para criar um efeito surpresa.

Quando o menino estava bem relaxado, descansando, alguém tocou em suas costas. Ele se virou lentamente. Foi tomado por um susto e por um arrebatamento. Quase gaguejando, suspirou:

— Oooooi, Fred.

Era ele mesmo. O seu grande ídolo. A sua grande inspiração. O atleta que ele tanto mirou para voltar à vida, para voltar a andar, para voltar a jogar futebol. Não era um encontro qualquer. Era um encontro mais do que desejado, mais do que ansiado, mais do que sonhado.

E, de repente, ele estava ali. Puro sorriso. Com uma tradicional camisa tricolor em mãos, de número 9, estampada com o nome "Gabriel" onde, em geral, se veria "Fred".

O menino abriu um largo sorriso ao receber o presente. E se sentiu pleno ao ser abraçado pelo craque. Conversaram. Debateram o jogo que estava por vir. Gabriel pediu gols. Fred prometeu tentar marcá-los. Ambos riram gostosamente diante da cumplicidade do futebol.

A propósito, em 5 de outubro de 2018, pouco mais de quatro anos depois daquele encontro, Fred seria entrevistado para este livro. Ele falaria que lembrava bem daquele dia, mas pontuaria em seguida que até então não sabia que Gabriel ficara completamente recuperado.

Fred se emocionou. E, por telefone, com uma voz trêmula de quem tenta medir as palavras para não começar a chorar, definiria o que meninos como Gabriel representam em sua vida:

— Quando a gente toma conhecimento desse tipo de história, a gente entende a força que o futebol pode ter na vida das pessoas. E tudo o que ele pode representar para as crianças. Isso só aumenta a nossa responsabilidade. Só aumenta o nosso amor pelo que nós fazemos — explicaria o jogador, na ocasião já atuando pelo Cruzeiro, mas ainda muito querido pela torcida do Fluminense.

Religioso, o atleta falaria também do lado divino de tudo aquilo. E, nesse momento, tinha um tom de voz ainda mais emocionado:

— Ninguém explica Deus. Ninguém. Gabriel costumava se espelhar em mim como atleta, como ídolo, mas eu não passava de um instrumento que Deus usou para curá-lo.

O atleta destacaria ainda que tem três filhos e que, na condição de pai, conseguia imaginar todo o esforço que aquela família precisou enfrentar. E, num tom extremamente meigo, completaria:

— Toda vez que eu falo em casos como o de Gabrielzinho, eu me emociono. Porque as crianças possuem uma pureza tão intensa, que sou eu quem saio curado quando estou ao lado delas. Se ontem ele se inspirou em mim, amanhã seremos nós que nos inspiraremos nele.

Fred demonstraria, em 2018, o mesmo respeito aos fãs que apresentara em 2014. Porque aquele rápido encontro da sexta-feira não seria o único entre eles.

Acontece que, em dado momento daquele início de noite, Marcus arriscaria um pedido direcionado a uma das pessoas que trabalhavam no marketing tricolor, e que acabaria tendo repercussões bem interessantes para o domingo. Ele perguntou, enchendo-se de coragem:

— Vem cá, será que os meninos não conseguiriam entrar em campo com os jogadores no domingo?

O funcionário do clube não garantiu nada. Mas, de toda forma, pegou o telefone do pai de Gabriel, prometendo-lhe que ligaria no dia do jogo caso conseguisse algo. Marcus quase não acreditava nas possibilidades que aquilo abria para uma família que era absolutamente fanática pelo Fluminense.

E, sem dar margem para eventual azar, chegou bem cedo ao estádio no dia do confronto. As arquibancadas eram majoritariamente flamenguistas, mas tinha também uma boa parcela de tricolores. A comitiva pessoense, pois, se acomodou muito antes de a bola rolar e começou a sentir o crescente e sempre agradável clima de pré-clássico no Maracanã.

Mais de uma hora antes do início da partida, que começaria às quatro horas da tarde, o celular de Marcus tocava. Era justo da equipe de marketing do Fluminense. Não havia ainda garantias de que Gabriel e Rafael poderiam entrar com os jogadores por causa de regras que limitavam o número de pessoas dentro do campo, mas convidavam os meninos para ficarem numa área em frente ao vestiário do Flu, onde poderiam interagir com outras crianças e com os próprios atletas.

Já era algo fantástico. Um funcionário do Fluminense foi até onde estava todo mundo e levou as crianças, deixando o restante em seus lugares e sem mais qualquer tipo de informação.

Marcus, naquele momento, mais do que todos os outros, era pura ansiedade. Os minutos foram se arrastando e nada de novas notícias surgirem. Não sabia de nada, não conseguia ver nada, não tinha nada que pudesse imaginar naquele período que antecedia o jogo.

E eis que o relógio marcou 15h45. Na entrada do túnel de acesso ao campo, começou-se a se perceber uma certa movimentação. Era justo o momento em que os dois elencos começavam a se posicionar para a entrada no gramado.

A família de Gabriel e Rafael ocupava bons lugares, bem perto da lateral de campo. Mas ainda assim não conseguiam antever nada de onde estavam. Olhavam para o novíssimo telão da arena esportiva, mas ele simplesmente não mostrava o que se passava no subsolo do estádio. Seria preciso esperar até o último minuto para saber como aquilo tudo se desenrolaria.

***

Há instantes que valem por uma vida. Há episódios que ficam para sempre na mente das pessoas. Marcados. Como uma tatuagem. Como uma fotografia perfeita. Uma recordação fantástica. Que hão de ganhar a posteridade. E permanecer vivos mesmo depois de muitas gerações. Ao menos enquanto existir alguém que os conte para um próximo, que haverá de se deleitar, se emocionar, se arrepiar, a ponto de também ele querer passar ainda mais para a frente aquela narrativa mágica.

Eis que, finalmente, os jogadores dos dois clubes começaram a se mexer. Do túnel para o gramado do Maracanã, o mais sagrado dos templos futebolísticos do mundo, onde, pouco mais de dois meses antes, se realizara a segunda final de Copa do Mundo de sua história.

E, se havia dúvidas sobre se os meninos entrariam em campo, elas seriam dirimidas quase que imediatamente, para a comoção incontida de todos aqueles que ficaram na arquibancada vendo o desenrolar da cena.

Puxando a fila do Fluminense com movimentos austeros e firmes, com a autoridade de quem era o craque e líder daquele grupo, com a compostura de quem usava a braçadeira de capitão, surgia Fred.

O primeiro a pisar no mítico gramado, ladeado justamente pelos dois irmãos.

Gabriel e Rafael seguravam cada qual uma das mãos do artilheiro tricolor. E se deixavam conduzir pelo ídolo na medida em que se encantavam e se apaixonavam cada vez mais pela imensidão verde que viam surgir diante deles.

Cada um ao seu modo, os dois viveram de forma intensa aquela caminhada, repetindo os passos que alguns dos maiores gênios do planeta já fizeram um dia. Rafael era puro êxtase. Gabriel, pura contemplação.

O mais velho, aliás, parecia apurar cada um dos seus sentidos. Inspirava o ar fervilhante de um domingo de Maracanã, acurava a audição para o som ruidoso das duas torcidas, mirava as cores santas das bandeiras do Fluzão, saboreava o gosto convidativo de uma rivalidade centenária, sentia na pele o prazer inenarrável de viver o futebol em sua amplitude máxima.

Meses depois de ter conhecido a vida sem nenhuma daquelas sensações, era puro deleite. Estava no centro do mundo. Sentindo-se o mais feliz, o mais completo, o mais realizado, o mais privilegiado menino que já vivera por estas terras.

EPÍLOGO

Ainda no Maracanã, Gabriel veria o Fluminense empatar em 1 a 1 com o Flamengo, mas, mesmo sem a vitória, se deliciaria ao ver Fred marcar o gol que prometera a ele na sexta-feira.

Após o jogo, ainda foi chamado pelo craque tricolor, desta vez com todos os outros familiares, para conhecer a zona mista do estádio e interagir um pouco mais com os jogadores e ídolos. E seria festejado inclusive por flamenguistas, que tinham assistido à matéria na TV, reconheceram-no e foram cumprimentá-lo amavelmente.

De volta a João Pessoa, seguiu por mais alguns meses a cansativa rotina de fisioterapia até receber alta sem uma única sequela motora sequer.

Desde 30 de março daquele 2014, deixara o apartamento dos avós e já estava de volta à sua própria casa, o que facilitou a retomada da rotina. A propósito, quando a reforma foi iniciada, em 14 de outubro de 2013, a previsão era de que ela durasse no máximo 45 dias. Mas, diante de todo o caos, a obra foi abandonada ao menos três vezes, vários itens da casa acabariam furtados e, durante muito tempo, os trabalhos só avançariam minimamente por causa das interferências de Cordeiro e de Tota. No fim, a obra levaria mais de cinco meses até ser concluída.

Quem não gostou da mudança, na verdade, foi a avó materna de Gabriel, Lourdes, a então anfitriã, que resumiria melancolicamente:

— Ficou um vazio enorme entre nós quando enfim eles foram embora.

Do ponto de vista do tumor, Gabriel seria acompanhado de perto pela oncologista infantil Andréa Gadelha, a quem caberia investigar, pelos cinco anos seguintes, como andava o restinho de tumor que ficara dentro de sua cabeça.

Diante de qualquer eventual crescimento dos tecidos cancerígenos, o menino poderia ser obrigado a passar por algum tipo de tratamento de quimioterapia ou radioterapia, mas isso nunca aconteceu.

Aliás, a tia patologista, Salete, ainda em 2014, levaria todo o material envolvendo o caso de Gabriel para São Paulo a fim de discutir o assunto com colegas do A.C. Camargo, o principal centro de referência no combate ao câncer do país.

E o caso de Gabriel foi considerado tão peculiar que, mediante autorização da médica e tia, esse material foi analisado numa reunião científica multidisciplinar do hospital com a presença das equipes de neuroimagem, pediatria e patologia.

Depois de um profundo debate, a conclusão a que chegaram era que aquilo que ficara não podia mais ser considerado tumor, mas apenas um tecido remanescente, necrótico, em degeneração, que ainda restava na área de onde tinha sido retirada a lesão.

Talvez não fosse um diagnóstico unânime. Mas, ao menos de acordo com os médicos do A.C. Camargo que analisaram os muitos exames, laudos e imagens, se um dia sobrara tumor no cérebro de Gabriel, esse já não estava mais lá.

Nos cinco anos seguintes, de toda forma, o menino faria, a cada seis meses, uma extensa bateria de exames, revisitando a maioria daqueles médicos que o atenderam em diferentes momentos de sua recuperação. E, a cada novo ciclo que se passava, uma nova boa notícia era recebida.

As duas últimas sequelas que ele ainda possuía, uma mínima perda de visão periférica e uma pequena perda de memória recente, foram recuperadas em 2016 e 2017, respectivamente, deixando-o então totalmente recuperado.

Gabriel hoje tem vida normal. Se antes da cirurgia e de todo o agravamento que se seguiu ele não usava óculos, hoje usa dois graus em cada olho, algo que é considerado absolutamente dentro dos parâmetros em crianças de sua idade.

Frequenta as aulas todos os dias no Colégio Motiva Oriental (uma nova unidade da mesma escola de 2013, porém localizada no bairro de Altiplano), tem aulas de reforço à tarde com Rose de Sá, que ele chama afetivamente de Tia Rose, e segue treinando futsal quatro vezes por semana numa escolinha que é realizada numa quadra perto de casa.

Continua sendo o mesmo disciplinado de outrora, não perde um dia de treino, tem um prazer imenso quando está perto de uma bola, mas já não joga competitivamente. Opta pelos coletivos e por alguns amistosos esporádicos.

Ademais, tem uma amizade contagiante com os dois irmãos, Rafael e Davi, que crescem saudáveis e retribuem na mesma intensidade o carinho que recebem de Gabriel. Serão os três para sempre companheiros. Afinal, Marcus e Yanna já não pensam mais em ter um quarto ou um quinto filho, como no passado fora cogitado.

Os pais de Gabriel, a propósito, cumpriram à risca a promessa que fizeram no momento mais crítico de todo o problema. E, ano após ano, realizam, nas mais diversas igrejas e grupos de oração de diferentes tipos de religião, testemunhos de fé e de vida sobre tudo o que viveram, tudo o que enfrentaram, tudo o que venceram.

A ideia, segundo eles, é fazer com que a história de Gabriel possa inspirar e dar forças a outras famílias que eventualmente passem por problemas parecidos. E o milagre que eles professam não é pouca coisa.

Em julho de 2018, Gabriel foi pela última vez ao consultório de Christian Diniz. Ao término da consulta, sentado diante dele, o neurologista olhou fixamente para o garoto. Soltou um sorriso de pura incredulidade enquanto conferia se aquilo estava mesmo acontecendo. E, quase sem acreditar nas palavras que proferia, declarou solenemente:

— Gabriel, você está curado. Você sabe o que isso significa?

Gabriel sabia. Christian também.

FIM

POSFÁCIO

Passaram-se seis anos desde o lançamento da primeira edição deste livro e mais de dez dos fatos narrados por ele.

Em 2018, quando Gabriel recebeu o seu diagnóstico de cura definitiva do câncer, ele estava com treze anos de idade. Mas, enfim, a vida não para. Segue seu curso, seu ritmo, seu incessante desencadear de acontecimentos em sequência.

O menino que queria jogar futebol já não é mais apenas uma criança. E como prova maior de que não ficaram sequelas de toda aquela batalha pela vida, hoje, com dezenove anos, está na universidade, cursando administração de empresas. E, pelo puro prazer de realizar pequenos e grandes feitos com a mesma inigualável sensação de que tudo é possível, ainda joga bola de tempos em tempos.

De toda forma, algumas relações não mudam jamais. Segue um torcedor inveterado, um fanático por futebol. E, no curso dos anos que se seguiram, o amor pelo Fluminense se tornou ainda maior, mais intenso.

Aliás, essa relação entre futebol, vida, felicidade e fé não passou despercebida. Depois do lançamento do livro, Gabriel foi tema de reportagens de TV por todo o Brasil e voltou a se encontrar com Fred algumas vezes.

Numa delas, em um período em que o atleta era jogador do Cruzeiro, ouviu dele a promessa, proferida em rede nacional, de que ainda voltaria ao Fluzão de tantos amores para cumprir mais um desejo do fã, do jovem amigo, do torcedor. Pois Gabriel viu a promessa se realizar, voltou a assistir a jogos do ídolo com a camisa do clube do coração, pôde testemunhar a aposentadoria de Fred dos gramados em 2022.

No ano seguinte, ainda se emocionaria com o inédito título do Tricolor na Taça Libertadores da América, a principal competição do continente sul-americano, a mais importante conquista da história do Fluminense. Estava no Maracanã naquele dia, vivenciando momentos inesquecíveis de felicidade eterna promovida pelo futebol.

Mesma sorte não teve o seu outro clube, o Botafogo da Paraíba. Campeão da Série D justo no ano de todos os episódios aflitivos que Gabriel e sua família viveram em 2013, o clube segue na Série C desde então. Já são onze edições seguidas de terceira divisão, cinco tentativas frustradas de acesso para a Série B que ficaram no quase.

Quer saber? Não importa. Para Gabriel, que tanto sofreu em determinado momento da vida, os impactos provocados pelo futebol são ressignificados. Tranformam-se em histórias, ainda mais histórias, a serem contadas. E, o que é mais importante, a serem vividas.

Talvez seja por isso que o Fluminense, com o tempo, conseguiu virar o jogo em cima do Botafogo-PB no coração de Gabriel. Ainda que, certamente, a constância da presença real e também imagética de um ídolo como Fred na vida do garoto fora determinante nesse processo.

O fato principal, entretanto, é que Gabriel, toda vez que acorda ou vai dormir, toda vez que sonha ou realiza algo, toda vez que ri ou chora, toda vez que comemora ou lamenta um gol marcado ou sofrido, faz algo que muitos imaginaram impossível de acontecer.

Se a história aqui é sobre fé e superação, sobre os limites da medicina, sobre o imponderável, sobre algo que nós, humanos, somos incapazes de explicar a partir de argumentos exclusivamente técnicos e racionais, a verdade inescapável é que Gabriel continua a viver toda uma vida que muitos, num dia já relativamente distante do passado, julgaram e atestaram ser impossível de ser vivida. E isso é de uma potência inimaginável. Uma conquista que é dele, claro, mas também de seus pais, Marcus e Yanna, e de tantas outras pessoas — familiares e profissionais da saúde — que optaram por acreditar até o último instante naquilo que a lógica indicava ser uma batalha aparentemente perdida.

A cada novo dia, a cada nova semana, a cada novo ano, portanto, Gabriel redimensiona a própria história, a própria trajetória, o próprio milagre, o curso inexplicável dos fatos que transformou morte em vida, dor em esperança, tragédia em história com final feliz digna de ser contada e recontada, alardeada por todos os lados, transformada em testemunho, livro, filme.

Sim, filme! Em 2020, num dia aparentemente normal, em que pesasse aqueles tempos pandêmicos e de quarentena em que o mundo ainda seguia em compasso de espera por uma vacina, eu recebi uma mensagem por meio de uma rede social. De forma curta e direta, o diretor Fabrício Bittar se apresentava para mim e falava pela primeira vez de sua intenção em adaptar este livro para o cinema.

De lá para cá, foram quatro anos de diálogos, negociações, muito trabalho, uma espera ansiosa até o momento derradeiro. São engraçados esses momentos. Lá atrás, em 2017, quando Marcus, Yanna e eu conversávamos pela primeira vez sobre a possibilidade de transformar a história de Gabriel em livro, a gente costumava brincar que um dia a obra chegaria às telonas.

Tinha um pouco de verdade, claro, de quem acreditava na dimensão e na força da história que tínhamos diante de nós, mas tinha muito de brincadeira também, visto ser algo grandioso demais, inalcançável demais, distante demais de nossas realidades. Eis que os comentários eufóricos e lúdicos daqueles tempos viraram realidade. E de forma ainda mais impactante do que o imaginado, com um elenco maravilhoso, nomes famosos e competentes que sempre permearam o nosso imaginário e que foram escalados para contar a história de Gabriel e de sua luta pela vida. A presença dessas atrizes e desses atores no filme o torna ainda mais impressionante.

Bem, esta nova edição do livro, publicada sete anos depois da primeira, é para comemorar este momento de lançamento do filme *Inexplicável*. Para homenagear Gabriel, sua família, todos os demais personagens reais que foram fundamentais em toda essa trajetória.

Mas é, acima de tudo, uma ode à vida. À fantástica vida do menino que não aceitou partir cedo demais. Numa bonita correlação entre vida e futebol, lutou bravamente, superou as adversidades, reescreveu o próprio destino, venceu, conquistou o privilégio de seguir jogando, sonhando, vivendo.

Dados Internacionais de Catalogação na Publicação (CIP)
(Câmara Brasileira do Livro, SP, Brasil)

Caldas, Phelipe
Inexplicável: A história do menino que queria jogar futebol / Phelipe Caldas
1ª ed. São Paulo: Buzz Editora, 2025
224 pp.

ISBN 978-65-5393-495-5

1. Literatura Brasileira 2. Câncer – Pacientes – Biografia 3. Crescimento pessoal 4. Desenvolvimento humano 5. Família – Relacionamentos 6. Fé 7. Jogadores de futebol – Biografia 8. Superação – Histórias de vida
I. Título.

25-279335   CDD 616.9940092

Índice para catálogo sistemático:
1. Romances: Literatura brasileira b869.3

Eliete Marques da Silva, Bibliotecária, CRB 8/9380

© Phelipe Caldas, 2025
© Buzz Editora, 2025

PUBLISHER Anderson Cavalcante
EXECUTIVA Céfara Moraes
COORDENADOR EDITORIAL Nestor Turano Jr.
EDITORA Laura Camanho
EDITORA ASSISTENTE Érika Tamashiro
ASSISTENTE EDITORIAL Beatriz Furtado
PREPARAÇÃO Mel Ribeiro
REVISÃO Cadu Vieira e Daniela Georgeto
PROJETO GRÁFICO Estúdio Grifo
ASSISTENTE DE DESIGN Letícia de Cássia
IMAGEM DE CAPA Pedro Pipano
FOTOS INTERNAS Acervo pessoal de Marcus e Yanna Varandas

COMERCIAL Vanessa Almeida, Taciane Ferreira, Taíres Pereira e Aline Cruz
COMUNICAÇÃO E MARKETING Leonardo Cavarzam, Isabelle Pelozzo e Rafaella Rhein
EVENTOS Marisa Marianno e Rayana Alana
OPERAÇÕES Vera Dantas, Flávio Bombardi, William Araújo, Rafael Valentin e Zeni Martins dos Santos

Nesta edição, respeitou-se o novo Acordo Ortográfico da Língua Portuguesa.

Todos os direitos reservados à:
Buzz Editora Ltda.
Av. Paulista, 726, Mezanino
CEP 01310-100, São Paulo, SP
[55 11] 4171 2317
www.buzzeditora.com

FONTES Proxima Nova e Silva
PAPEL Pólen Bold 90 g/m²
IMPRESSÃO Imprensa da Fé